QUINCE CUENTOS
DE LAS
ESPAÑAS

DRAWINGS BY LENNI SCHUR

QUINCE CUENTOS DE LAS ESPAÑAS

SELECTED AND EDITED BY

Doris King Arjona
and
Carlos Vázquez Arjona

CHARLES SCRIBNER'S SONS   New York

Copyright © 1971 Charles Scribner's Sons

Five stories are from *Cuentos de las Españas*. Edited by Jaime Homero Arjona and Carlos Vázquez Arjona. Copyright 1943 Charles Scribner's Sons.
Four stories are from *Más cuentos de las Españas*. Edited by Doris K. Arjona and Carlos V. Arjona. Copyright 1956 Charles Scribner's Sons.

ACKNOWLEDGMENTS

The editors are indebted to the following persons and companies for permission to reprint material appearing in this volume:

Emecé Editores, S. A. for "La espera" by Jorge Luis Borges from *El Aleph*. 7a. impresión © Emecé Editores, S. A. 1957.

Dr. Francisco Monterde for his story "Un salteador" from *Antología del cuento mexicano*, by Luis Leal, México, Antologías Studium, 1957. Copyright by Studium.

Doña Ana María Matute for her story "El río" from *Historias de la Artámila*. © Ediciones Destino 1961.

Don Gregorio López y Fuentes for his story "Una carta a Dios" from *Cuentos campesinos de México* (1940).

D. C. Heath and Company for the paragraph "How to Read in a Foreign Language" from Donald D. Walsh, "Advice to the Language Learner," as reprinted in *A Handbook for Teachers of Spanish and Portuguese*, edited by Donald D. Walsh (Lexington, Mass.: D. C. Heath, 1969), pp. 4-5.

This book published simultaneously in the United States of America and in Canada — Copyright under the Berne Convention

All rights reserved. No part of this book may be reproduced in any form without the permission of Charles Scribner's Sons.

A-3.71[C]

Printed in the United States of America
SBN 684-41153-9
Library of Congress Catalog Card Number 71-135971

PREFACE

QUINCE CUENTOS DE LAS ESPAÑAS is an anthology of Spanish and Spanish American stories suitable for reading at the end of the first year or the start of the second year of Spanish. Except for "Un salteador," "El río," and "La espera," the stories are adaptations. Nine of them have been special favorites among those found in two of the editors' earlier books, *Cuentos de las Españas* and *Más cuentos de las Españas*. The other six were chosen in part to represent different periods, writing styles, and areas of Hispanic culture, and in part to provide an evenly progressive challenge to the student's growing ability to read Spanish.

Each story is preceded by a foreword in Spanish that comments on its author and background. Many footnotes give English equivalents, but where practicable the explanations are in Spanish. In the exercise group following the story, questions in the *Resumen del argumento* elicit an objective review of the main points in the story. *Formas y sintaxis* presents a functional reiteration of grammatical forms and patterns that occur in it. *Comprensión de modismos* supplies, in varied contexts, a roundup of idioms that it has introduced. *Oraciones modelo* reviews, for imitation, grammar and idiom patterns taken directly from it. *Palabras en acción* aims to develop awareness of words and their relationships to each other, and also includes as dividends proverbs and short verses. *Discusión* poses questions that encourage a subjective approach to the story and invite an analysis of its motivation and style. *Temas* offers the student four topics which call for varying complexity of thought and expression. The vocabulary at the back of the book gives all the word definitions needed to clarify the text.

It is impossible to acknowledge adequately the kindness of those who helped in the preparation of this book. Special thanks go to Edith Helman, of Simmons College, for invaluable suggestions; to Anne Hurst, of Stetson University, for bibliographical assistance; to Francisco Monterde and Ana María Matute, for permission to include "Un salteador" and "El río"; and to Emecé Editores, Buenos Aires, for permission to include "La espera," by Jorge Luis Borges.

DKA

HOW TO READ IN A FOREIGN LANGUAGE

At first, you should read only what you have practiced saying, and you should read it aloud. When you begin to read silently and you come to words and phrases that are new to you, use the following techniques: (1) Read the passage through for general sense first, without stopping to puzzle over unfamiliar words or constructions. Then go back for a second, more careful reading. When you come to an unknown word, read on at least to the next punctuation mark before you look it up. Try to get the meaning from the sentence without having to look for it in the vocabulary. (2) When you decide that you must look up a word, (a) underline the word with your pencil, (b) take a good look at the phrase that contains it, and pronounce the phrase aloud, (c) repeat the phrase over and over, aloud if possible, concentrating all your attention on its sound and spelling while you are looking for the key word in the vocabulary, (d) when you find it put a dot before the word in its column, (e) turn back to your page, find the last underlined word and go on reading. Never write the English translation on the page. Doing so puts the emphasis on the English equivalent and not on the foreign word, which is the word that you must learn. When you finish your assignment, reread it and see how many of the phrases containing underlined words you still understand. Look up the words you have not yet learned and put another dot in front of them in the vocabulary. Look through the vocabulary once a week and make a special effort to learn the words with several dots. These are your "hard" words. Learn them now or you will be spending hours looking them up month after month, year after year. And go back over your reading material to check your understanding of the sentences that have underlined words or phrases.

DONALD D. WALSH
Advice to the Language Learner

CONTENTS

PREFACE, v

Juan Manuel, 1
   EL DÍA DEL LODO, 3

Ricardo Palma, 13
   EL ALACRÁN DE FRAY GÓMEZ, 15

Gregorio López y Fuentes, 23
   UNA CARTA A DIOS, 25

Miguel de Cervantes, 35
   EL CAUTIVO, 37

Vicente Blasco Ibáñez, 53
   GOLPE DOBLE, 55

Abraham Valdelomar, 65
 EL VUELO DE LOS CÓNDORES, 67

Pedro Antonio de Alarcón, 81
 EL LIBRO TALONARIO, 83

Pío Baroja, 97
 ELIZABIDE EL VAGABUNDO, 99

Francisco Monterde, 115
 UN SALTEADOR, 117

Rubén Darío, 127
 LA MUERTE DE LA EMPERATRIZ DE LA CHINA, 129

Gustavo Adolfo Bécquer, 141
 EL BESO, 143

Luis Coloma, 159
 ¡PORRITA, COMPONTE!, 161

Diego de Torres Villarroel, 173
 EL CATEDRÁTICO ALEGRE, 175

Ana María Matute, 191
 EL RÍO, 193

Jorge Luis Borges, 207
 LA ESPERA, 209

 VOCABULARY, 221

QUINCE CUENTOS DE LAS ESPAÑAS

Juan Manuel
(1282-1349?)

LA LITERATURA ESPAÑOLA MEDIEVAL tiene muchas colecciones de cuentos, pero *El conde Lucanor* de Juan Manuel es la primera colección que muestra el estilo personal del cuentista. Juan Manuel, siendo infante de Castilla, hizo papel importante en la política y en las guerras que los cristianos de su tiempo libraban constantemente con los moros. Sin embargo, se retiraba a veces a su castillo de Peñafiel, donde se dedicaba a sus labores literarias. En 1335 terminó su obra maestra.

 El conde Lucanor es una colección de cincuenta cuentos en los que Juan Manuel nos transmite la sabiduría que los años le habían traído. Estos cuentos son de diferentes clases: hay leyendas, fábulas, alegorías, episodios de la vida medieval. Pintan la

---

el **infante** prince
Castilla Castile
hizo papel importante played an important part
librar con to wage against
moros, -as Moors (Mohammedans of mixed Berber and Arab ancestry inhabiting North Africa who, in the eighth century, invaded and conquered most of Spain)

naturaleza humana tal como es y como probablemente siempre será. Por esa razón son de aplicación universal, y de hecho todavía nos divierten, en otras lenguas y formas literarias. El argumento y la filosofía de *The Taming of the Shrew* y "The Emperor's New Clothes", por ejemplo, son derivados de *El conde Lucanor*.

En *El conde Lucanor*, como en *Las mil y una noches* y otras colecciones orientales, el plan es sencillo. Un gran señor, el conde Lucanor, se ve en situaciones difíciles, una tras otra. Cada vez consulta con su consejero, Patronio, quien le relata un cuento basado en una situación parecida. Esto le enseña al conde cómo debe ser resuelto el problema que le preocupa.

La mayor parte de "El día del lodo" es de *El conde Lucanor*. De las historias de los moros en España viene el poético relato que cuenta cómo el rey conoció a la antojadiza muchacha que luego fue su esposa. El protagonista de "El día del lodo", Abenabet, rey moro de Sevilla, era en realidad Al-Motámid, una de las figuras más interesantes de la historia española medieval. Nació en 1040 y subió al trono a la edad de veintinueve años. Lo llamaban el Rey Poeta: de sus muchos poemas, los mejores son los que escribió cuando era prisionero en el castillo africano donde pasó los últimos años de su vida.

---

de hecho in fact
consejero counselor
parecido, -a similar
lodo mud

antojadizo, -a capricious
protagonista personaje principal
Sevilla Seville (ciudad del sur de España)

EL DÍA DEL LODO

EL CONDE LUCANOR HABLABA UN DÍA CON Patronio, su consejero, de esta manera:

—Patronio, hay un hombre con quien me pasa esto. Muchas veces me ruega que le ayude, y siempre que hago lo que me pide, da a entender que me lo agradece. Pero cuando otra vez me pide alguna cosa, si yo no la hago así como él quiere, se enfada, y parece que ha olvidado todo lo que hice por él. Os ruego que me aconsejéis cómo debo proceder con este hombre.

—Señor conde, —dijo Patronio— a mí me parece que os pasa con él lo que le pasó al rey Abenabet de Sevilla con Ramaiquía, su mujer.

El conde preguntó cómo fue aquello.

—Este rey era amante de la poesía, —dijo Patronio— y era poeta él mismo superior a todos los poetas de su tiempo. Tenía la costumbre de pasear por las orillas del río Guadalquivir en compañía del poeta Aben-Ammar, su íntimo amigo. De vez en cuando uno de los dos empezaba a improvisar una composición poética y el otro la continuaba.

Una mañana, contemplando las aguas del gran río, rizadas por la brisa, el rey improvisó en lengua árabe un verso que decía: "La brisa transforma el agua en cota de mallas." Luego, volviendo a su amigo, le rogó que continuara la improvisación. Antes de que Aben-Ammar acertara a complacer a su señor, una muchacha del pueblo, que había escuchado la conversación, prorrumpió en verso, diciendo: "Si el frío congela las aguas, en verdad no habría cota mejor."

---

da a entender he gives the impression
os you (pronoun formerly used for both singular and plural)
Os ruego que me aconsejéis I beg you to advise me
amante lover
el Guadalquivir río del sur de España
rizadas por la brisa ruffled by the breeze
cota de mallas coat of mail
le rogó que continuara he asked him to continue
acertara a complacer a su señor could comply with his lord's request
prorrumpir to burst forth
congelar to freeze solid
no habría cota mejor no coat of mail could be better

El rey fue sorprendido, tanto del ingenio cuanto de la hermosura de Ramaiquía, que así se llamaba la poetisa. La hizo conducir al castillo, y dentro de poco se casó con ella.

La joven Ramaiquía llegó a dominar por completo el corazón del rey. Era muy buena, y los moros cuentan de ella muchas cosas bellas, pero a veces tenía unos antojos extraordinarios. Por mucho tiempo el rey, como la amaba más que nada en el mundo, le daba cuanto quería. Un día, estando los dos en Córdoba, cayó una nieve, cosa rara, pues Córdoba es tierra caliente, y allí no nieva todos los años. Cuando Ramaiquía la vio, comenzó a llorar. El rey le preguntó por qué lloraba, y ella le dijo que lloraba porque nunca la dejaba vivir en tierra donde viera mucha nieve. Entonces el rey, por darle placer, hizo poner almendrales por toda la sierra de Córdoba, pues en febrero, cuando están en flor, los almendrales parecen nieve.

Otra vez, estando Ramaiquía en una cámara sobre el río, vio cerca del agua a una mujer descalza que mezclaba lodo con pajas para hacer adobes. Cuando la vio, comenzó a llorar. El rey le preguntó por qué lloraba, y ella le dijo que lloraba porque nunca podía divertirse haciendo lo que hacía aquella mujer.

Entonces el rey, por darle placer, hizo sacar toda el agua de la gran laguna de Córdoba y meter allí agua de rosas y toda clase de perfumes. En lugar del lodo, hizo poner azúcar, canela, clavos y otras especias; en lugar de la paja, hizo poner cañas de azúcar. Cuando la laguna estaba llena de estas cosas, él le

---

tanto del ingenio cuanto de la hermosura as much by the wit as by the beauty
antojo whim
Córdoba ciudad del sur de España que se halla entre la sierra de Córdoba, parte dè la gran sierra Morena, y el río Guadalquivir
cayó una nieve there was a snowfall
es tierra caliente has a warm climate
donde viera mucha nieve where she could see much snow
el almendral almond grove
cámara sobre el río room that looked out over the river
descalzo, -a barefoot
canela cinnamon
clavo clove
especia spice

dijo a Ramaiquía que pudiera descalzarse y pisar aquel lodo (que era tal como podéis imaginarlo) y que pudiera hacer de él cuantos adobes quisiera.

Otro día, por alguna cosa que se le antojó, Ramaiquía comenzó a llorar. El rey le preguntó por qué lloraba, y ella le dijo que cómo no lloraría, que él nunca hacía nada por darle placer. Y el rey, viendo que tanto había hecho por ella, y no sabiendo qué pudiera hacer más, le dijo en lengua árabe: "Vâ la mahar el-tin?", que quiere decir "¿Y no el día del lodo?" Así le dio a entender que ella, aunque olvidaba las otras cosas, no debía olvidar el lodo que él había hecho por darle placer.

Y vos, señor conde, si no hacéis todo lo que aquel hombre os diga, y veis que él luego olvida lo que por él ya habéis hecho, os aconsejo que no hagáis más por él. Y os aconsejo otra cosa: si alguien hace por vos lo que pidáis, y después no hace todo lo que queráis, no olvidéis por eso el bien que ya os hizo.

---

descalzarse quitarse los zapatos
pisar to walk on
pudiera hacer... cuantos adobes quisiera she could make... as many bricks as she liked
se le antojó she got a notion about

le dijo que cómo no lloraría asked him why she shouldn't cry
vos vosotros (formerly used for both singular and plural)
os aconsejo que no hagáis más I advise you to do nothing more

RESUMEN DEL ARGUMENTO

1. ¿Quién escribió "El día del lodo"? 2. ¿Cuál es el título de la colección de cuentos en que se halla? 3. ¿Quiénes son los personajes principales del libro? 4. ¿Qué papel hace cada uno de ellos? 5. ¿Quiénes son los personajes principales de "El día del lodo"? 6. ¿Son personas históricas o ficticias? 7. ¿Cómo era el rey del cuento? 8. ¿Qué costumbre tenía? 9. ¿Dónde conoció a la muchacha que llegó a ser su esposa? 10. ¿Qué hizo ella para llamarle la atención? 11. ¿Por qué se casó él con ella? 12. ¿Por qué le daba cuanto quería? 13. ¿Qué hizo ella al ver caer nieve? 14. ¿Qué le preguntó el rey? 15. ¿Por qué hizo poner almendrales por la sierra? 16. ¿Dónde vio Ramaiquía a la mujer que hacía adobes? 17. ¿Por qué lloró ella al verla? 18. ¿Qué hizo el rey poner en lugar del agua? ¿en lugar del lodo? ¿en lugar de la paja? 19. ¿Qué podía ella hacer entonces? 20. ¿Qué respondió el rey cuando ella le dijo que no hacía nada por darle placer?

FORMAS Y SINTAXIS

[a] Make the verb plural.

Duermo todo el día.
Dormimos todo el día.

1. Cierro la tienda.
2. No entiendo el poema.
3. Cuento las palabras.
4. Vuelvo muy temprano.
5. Pido demasiado.
6. Empiezo el trabajo.
7. Recuerdo la frase.
8. Pierdo mucho tiempo.
9. No puedo hacer nada.

10. Siento la brisa.
11. Encuentro el dinero.
12. Divierto a los niños.

[b] Replace **siempre** with **ayer** and change the verb to preterit, as in the model.

Siempre hablaba bien.
Ayer habló bien.

1. Siempre llegaba tarde.
2. Siempre volvía pronto.
3. Siempre procedía así.
4. Siempre lloraba mucho.
5. Siempre parecía mal.
6. Siempre nos ayudaba.
7. Siempre cogía flores.
8. Siempre paseaba solo.
9. Siempre me escuchaba.
10. Siempre los entendía.
11. Siempre movía la mesa.
12. Siempre sacaba dinero.

COMPRENSIÓN DE MODISMOS

1. ¿Qué quiere decir esta frase árabe? 2. El rey se casó con la muchacha. 3. De vez en cuando paseaban. 4. ¿Cómo se llamaba el poeta? 5. Todos los años vamos a la sierra. 6. Por eso no me siento bien. 7. Me agradecieron el favor. 8. Empiezas de esta manera. 9. A veces lloran por nada. 10. Vuelvo dentro de poco. 11. Se me olvidó por completo. 12. En verdad me aconsejó mal. 13. Me manda que descanse. 14. Hay que cambiar el título. 15. Metemos mucho azúcar.

ORACIONES MODELO

Le preguntó por qué lloraba.
1. He asked her why she was waiting.
2. He asked her why she was returning.
3. He asked her why she was serving.

Hizo sacar el agua.
4. He had the water brought.
5. He had the water put in.
6. He had the water changed.

Me ruega que le ayude.
7. He orders me to help him.
8. He tells me to help him.
9. He advises me to help him.

PALABRAS EN ACCIÓN

[a] Complete each sentence to make a statement that follows the model.

El joyero vende joyas.

1. El dulcero ....
2. El librero ....
3. El papelero ....
4. El zapatero ....
5. El relojero ....
6. El lechero ....
7. El platero ....
8. El sombrerero ....

[b] Change the sentence to one beginning with **Es,** as in the model.

La composición es poética.
Es una composición poética.

1. La traducción es mala.
2. La función es larga.
3. La ciudad es bella.
4. La tempestad es violenta.
5. La explicación es clara.
6. La soledad es completa.
7. La dirección es exacta.
8. La dificultad es seria.
9. La conversación es graciosa.
10. La sociedad es numerosa.

[c] Replace the adverb with a corresponding adverbial phrase, as in the model.

Es lo que pasa diariamente.
Es lo que pasa todos los días.

1. Es lo que pasa semanalmente.
2. Es lo que pasa mensualmente.
3. Es lo que pasa anualmente.

[d] Adivinanza

¿Qué es lo que vemos en un segundo, una semana, un mes y un siglo, pero no en un minuto, una hora, un día o un año?

(la letra s)

DISCUSIÓN

¿Hay un solo protagonista en "El día del lodo"? ¿Es más interesante Abenabet o Ramaiquía? ¿Cuál de las dos personas es más simpática? ¿Por qué creía Ramaiquía que no debía divertirse haciendo adobes? ¿En qué se ve que el rey es poeta? ¿Tiene el carácter necesario para ser rey? ¿Tiene moraleja el cuento?

TEMAS

1. El Rey Poeta
2. Ramaiquía
3. El uso de la repetición en el cuento
4. El conde Lucanor y su consejero

Ricardo Palma
(1833-1919)

LA SOCIEDAD ESPAÑOLA, con toda su elegancia y gracia, transplantada al Nuevo Mundo— tal era Lima, la Ciudad de los Reyes, en sus primeros tiempos. Virreyes, nobles, frailes, pícaros y deliciosas limeñas llenaban sus calles. Thornton Wilder, en *The Bridge of San Luis Rey,* ha recogido mucho del color y del brillo de aquellos días del Perú colonial. Ricardo Palma los sentía mejor aún, porque él mismo era limeño.

Era un joven de inteligencia viva y de ingenio tan penetrante que enfurecía a sus adversarios políticos, quienes lo desterraron a Chile por algún tiempo. Siempre le gustaba leer los documentos que tenían que ver con el pasado de su ciudad. Cuando tenía

---

Ciudad de los Reyes Lima was founded on January 18, 1535, soon after Epiphany, **día de Reyes,** and therefore named for the Three Kings.
el **virrey** viceroy
el **fraile** monk
pícaro rogue (type of person— shrewd, amusing, and shameless — who figures in the great Spanish picaresque novels)
limeño, -a persona de Lima
desterrar echar a uno de su tierra
tenían que ver con had to do with

cuarenta y seis años, sucedió algo que le hizo ver cuán perecederos eran. En aquel año (1879) empezó una guerra entre el Perú y Chile, en la cual los chilenos le quemaron la casa en Lima, con su magnífica biblioteca personal. Peor aún, destruyeron la Biblioteca Nacional del país: sus libros fueron quemados o echados a los cuatro vientos. Palma, que más tarde se hizo Director de la Biblioteca, dedicó treinta años a su reconstrucción, recogiendo o reemplazando los volúmenes perdidos.

Mientras él leía los documentos que se hallaban en la Biblioteca, se ponía a relatar a su manera las historias que contenían. Tales narraciones, que él llamaba "tradiciones", se multiplicaron hasta que llenaron muchos volúmenes. Son de espíritu romántico, hasta poético (como "El alacrán de fray Gómez".) Tienen fondo histórico, pero están relatadas en el vivo estilo de Palma, lleno del humor para el cual los españoles tienen palabras como "sal" y "gracia". Palma mismo dijo que, al escribir una tradición, cogía un granito de verdad y sobre él construía un castillo.

---

cuán perecederos how perishable
chileno, -a persona de Chile
reemplazar to replace
a su manera in his own way
el alacrán scorpion (insect with a long, narrow tail terminating in a venomous sting)
fray fraile (before a name)
fondo background
granito speck

EL ALACRÁN DE FRAY GÓMEZ

CUANDO YO ERA MUCHACHO, OÍA DECIR con frecuencia a las mujeres cuando miraban una joya: "¡Esto vale tanto como el alacrán de fray Gómez!" Explicar por qué decían eso es lo que me propongo ahora, con esta tradición.

Nuestro héroe era un anciano que vivía en un convento franciscano del Perú. El pueblo le llamaba fray Gómez, y así le llaman también las crónicas del convento y la tradición. No sólo creía el buen hombre en todos los milagros de la Biblia y de los santos, sino que él también había hecho muchos, a juzgar por lo que se decía de él en todo el pueblo.

Una mañana meditaba en su celda, en que no había más que dos sillones de cuero, una vieja mesa rota, y una cama sin sábanas con sólo una piedra por almohada. Sintió de repente que alguien llamaba a la puerta, oyendo al mismo tiempo una voz que decía:

—¡Alabado sea Dios!

—Entra, hermano —contestó fray Gómez.

Se abrió entonces la puerta y entró en la celda un individuo humildemente vestido, pero en cuyo rostro se podía leer la proverbial honradez del castellano viejo.

—Toma asiento, hermano, y dime lo que por acá te trae —le dijo fray Gómez.

—Créame, padre, —empezó a decir el visitante— yo soy buena persona, a pesar de mi mala ropa.

—Bien se ve, y deseo que perseveres, pues así merecerás en esta vida la paz de la conciencia y en la otra la bienaventuranza.

---

el **sillón** armchair
cuero leather
sábana sheet
almohada pillow
Sintió de repente He was suddenly aware
¡Alabado sea Dios! God be praised! (a devout salutation)
castellano viejo Spaniard of the old school
dime lo que por acá te trae tell me what brings you here
visitante persona que visita
bienaventuranza heavenly bliss

—Es el caso, padre —siguió diciendo el visitante—, que tengo una familia numerosa y que voy a perder mi tienda, pues soy tendero, por falta de quinientos pesos. Le juro, padre, que ni tengo vicios ni soy perezoso.

—No desesperes. A quien honradamente trabaja, Dios le ayuda.

—La verdad es, padre —interrumpió el hombre—, que hasta ahora Dios no me ha oído.

—Ten fe, hijo, ten fe.

—He llegado a las casas de muchos amigos a pedirles prestado el dinero, pero todos me lo han negado. Es el caso que anoche, mientras dormía, oí en sueños una voz que me decía: "Ánimo, Jeromo; anda a pedirle a fray Gómez el dinero que necesitas. Si él quiere, pobre como es, hallará manera de ayudarte." Aquí, pues, estoy, y a su paternidad le ruego que me preste, sólo por seis meses, los quinientos pesos que necesito para no perder mi tienda.

—¿Cómo has podido imaginarte que en esta triste celda encontrarías quinientos pesos?

—Tiene usted razón, padre. Sin embargo, tengo fe en el sueño. Algo me dice que no he venido en vano.

—Tu fe te salvará, hijo mío. Espera un momento.

Mirando entonces hacia la pared que estaba detrás del tendero, fray Gómez vio un alacrán que caminaba tranquilamente hacia la ventana. En seguida sacó el pañuelo, se acercó a la pared, cogió el animalito con cuidado, lo envolvió, y volviéndose hacia Jeromo le dijo:

—Toma, hijo, y empeña esta joya, pero no olvides devolvérmela dentro de seis meses.

Es el caso The fact is
tendero persona que tiene tienda
a pedirles prestado el dinero to ask them to lend me the money
en sueños in a dream

Ánimo Courage
a su paternidad le ruego I beg you, father
empeñar to pawn

Jeromo no hallaba frases con que agradecerle el favor. Poco después estaba en la tienda de un usurero. La joya en verdad era preciosísima, digna de una reina. Era un broche en forma de alacrán. Formaba el cuerpo una magnífica esmeralda, y la cabeza un diamante con dos rubíes por ojos.

El usurero, que era conocedor, miró la joya con envidia y ofreció inmediatamente darle a Jeromo, no quinientos, sino dos mil pesos por ella.

El tendero, sin embargo, no quiso aceptar más que quinientos pesos por seis meses. Se hicieron y se firmaron los documentos necesarios. El usurero no dudaba de que el tendero volvería otra vez por más dinero y que al fin él se quedaría con tan preciosa joya. Pero el hombre propone y Dios dispone. Con los quinientos pesos prosperó tanto su tienda que a la terminación del plazo Jeromo pudo sacar el broche, y envuelto en el mismo pañuelo en que lo recibió fue a devolvérselo a fray Gómez. Éste tomó el alacrán, lo puso en el mismo sitio en que lo había cogido y lo soltó diciéndole: —¡Animalito de Dios, sigue tu camino!

El alacrán, viéndose libre otra vez, continuó su interrumpido paseo por las paredes de la celda.

---

esmeralda piedra preciosa de color verde
el **diamante** piedra preciosa muy dura y brillante
el **rubí** piedra preciosa de color rojo
conocedor expert

no quiso aceptar refused to accept
se hicieron they drew up
se quedaría con would keep
plazo (fixed) time
sacar to redeem

RESUMEN DEL ARGUMENTO

1. ¿Qué frase se explica en esta tradición? 2. ¿Cómo se llamaba el protagonista de este cuento? 3. ¿Dónde vivía? 4. ¿Qué había en su celda? 5. ¿Cómo estaba vestido el tendero? 6. ¿En qué se veía que era persona honrada? 7. ¿Cuánto dinero le pidió al fraile? 8. ¿Por qué lo necesitaba? 9. ¿A quiénes lo había pedido antes? 10. ¿Con qué resultado? 11. ¿Por qué había venido a ver a fray Gómez? 12. ¿Qué vio el fraile en la pared de la celda? 13. ¿Qué hizo con el animalito? 14. ¿En qué se transformó éste? 15. ¿Cómo era la joya? 16. ¿A quién la llevó el tendero? 17. ¿Cuánto recibió por ella? 18. ¿Adónde llevó la joya a la terminación del plazo? 19. ¿Qué hizo el fraile con ella? 20. ¿Qué hizo el animalito?

FORMAS Y SINTAXIS

[a] Reply to the statement, using the perfect tense, as in the model.

Tienes que firmar.
Ya he firmado.

1. Tienes que hablar.
2. Has de comer.
3. Tienes que trabajar.
4. Has de dormir.
5. Tienes que esperar.
6. Has de leer.
7. Tienes que preguntar.
8. Has de salir.
9. Tienes que olvidar.
10. Has de oír.
11. Tienes que comenzar.
12. Has de seguir.

[b] Reply to the statement, using **No deben** plus the infinitive, as in the model.

Piden permiso.
No deben pedir permiso.

1. Viven muy lejos.
2. Abren las puertas.
3. Oyen lo que decimos.
4. Sienten el calor.
5. Mueren jóvenes.
6. Repiten la frase.
7. Duermen diez horas.
8. Interrumpen la clase.
9. Escriben con lápiz.
10. Visten de negro.
11. Siguen hablando.
12. Reciben regalos.

COMPRENSIÓN DE MODISMOS

1. Tiene usted razón. 2. Se hizo director de la biblioteca. 3. Salimos a pesar del frío. 4. A mí no me gustan los diamantes. 5. ¿Cuántos años tienes? 6. De repente se halló libre. 7. Hay que andar con cuidado. 8. ¿Sabes lo que pasa? 9. En seguida se pone a trabajar. 10. No hay más que veinte asientos. 11. Sin embargo, la reunión tiene que ser aquí. 12. Oigo decir que no hay función. 13. La esmeralda no vale tanto como el rubí. 14. Al despertar recordó el sueño. 15. Has de tener fe.

ORACIONES MODELO

Hasta ahora no me ha oído.
1. Up to now he has not helped me.

2. Up to now he has not understood me.
3. Up to now he has not received me.

Sintió que alguien llamaba.
4. He became aware that someone was listening.
5. He became aware that someone was returning.
6. He became aware that someone was leaving.

Entra, hijo, y toma asiento.
7. Come in, son, and look for a seat.
8. Come in, son, and wait for a seat.
9. Come in, son, and find a seat.

PALABRAS EN ACCIÓN

[a] Answer each question with a statement based on the one that heads its group.

El pianista toca el piano.
¿Y el violinista?
El violinista toca el violín.

1. El novelista escribe novelas.
    ¿Y el cuentista?
    ¿Y el ensayista?
    ¿Y el prosista?
2. El tendero trabaja en su tienda.
    ¿Y el jardinero?
    ¿Y el cocinero?
    ¿Y el hotelero?
3. El hablador habla.
    ¿Y el trabajador?
    ¿Y el bailador?
    ¿Y el jugador?
4. El visitante visita.
    ¿Y el amante?
    ¿Y el cantante?
    ¿Y el estudiante?

[b] Change the verb to present tense.

El joven ha vuelto a casa.
El joven vuelve a casa.

1. El fraile se ha vuelto hacia el visitante.
2. Ha envuelto el alacrán en un pañuelo.
3. El tendero ha vuelto al convento.
4. Le ha devuelto el broche al fraile.
5. El broche se ha vuelto alacrán.

[c] Copla

Según creen los amantes,
valen más las flores que los diamantes.
Mas ven que, al extinguirse los amores,
valen más los diamantes que las flores.

RAMÓN DE CAMPOAMOR

DISCUSIÓN

¿Por qué es simpático fray Gómez? ¿En qué se ve que es fraile? ¿Por qué cree en los milagros? ¿Por qué es simpático Jeromo? ¿Qué aprendemos acerca del carácter del fraile y del tendero? ¿Es más poético este cuento o "El día del lodo"?

TEMAS

1. Fray Gómez
2. Jeromo
3. El milagro
4. Las tradiciones de Ricardo Palma

Gregorio López y Fuentes
(1895-1966)

GREGORIO LÓPEZ Y FUENTES nació en una hacienda del estado de Veracruz. A la edad de quince años vio el principio de la Revolución Mexicana, uno de los grandes levantamientos sociales y políticos de nuestros tiempos, que sacó a los indios y su cultura de la oscuridad.

    La Revolución y sus consecuencias le dieron a López y Fuentes los temas para el trabajo que le duró toda la vida. Se hizo maestro de escuela, ayudando así a realizar el sueño de los revolucionarios, es decir, ilustración para todo el mundo. (Entonces el ochenta y cinco por ciento del pueblo no sabía leer ni escribir.) Mientras enseñaba, aprendía. Cuando dejó la enseñanza por el periodismo, conocía íntimamente muchos aspectos de la vida mexicana.

Veracruz en el este de México
levantamiento uprising
ilustración education

dejó la enseñanza por el periodismo he left teaching for journalism

Muy pronto dio con algo que en adelante iba a ser característico de su obra. Escribió, durante un año, una columna de bosquejos llamada *Novela Diaria de la Vida Real,* que apareció en el periódico *El Universal Gráfico.* Esta columna le dio a conocer inmediatamente. Después empezó a escribir novelas que tienen que ver con la Revolución y los problemas producidos por ella. Estas novelas, aunque trazan el progreso de grandes movimientos, tienen la cualidad episódica de la *Novela Diaria de la Vida Real.* Son generalmente acerca de comunidades más bien que de individuos; muchos de sus caracteres ni tienen nombre. *El indio* (1935), obra maestra de López y Fuentes, es retrato auténtico de un pueblecito de la montaña. Gráficas y conmovedoras son las descripciones de indios talando el terreno, pescando, en concejo.

Los *Cuentos campesinos de México* (1940) fueron escritos para ser leídos por los niños de las escuelas rurales. Muchos de ellos tienen su origen en el folklore indio; otros, como "Una carta a Dios", pintan con realismo al indio de hoy, con su apego a la tierra, sus inquietas relaciones con los vecinos blancos, sus pocas esperanzas y múltiples temores.

---

dio con algo he hit upon something
bosquejo sketch
le dio a conocer made him known
conmovedor, -a touching
talando el terreno clearing the land
concejo council
campesino, -a del campo
apego attachment

UNA CARTA A DIOS

LA CASA —ÚNICA EN TODO EL VALLE— estaba en lo alto de un cerro bajo. Desde allí se veían el río y, junto al corral, el campo de maíz maduro con las flores del frijol, promesa indudable de una buena cosecha.

Lo único que necesitaba la tierra era una lluvia, o a lo menos un fuerte aguacero que dejara mojados los campos. Dudar de que llovería habría sido lo mismo que dejar de creer en la experiencia y la sabiduría de los viejos del pueblo.

Durante la mañana, Lencho —que conocía muy bien el campo y creía mucho en las viejas costumbres— no había hecho más que examinar el cielo hacia el nordeste.

—Ahora sí que viene el agua, vieja.

Y la vieja, que preparaba la comida, le respondió:

—Dios lo quiera.

Los muchachos más grandes arrancaban la mala hierba en el campo sembrado, mientras los más pequeños jugaban cerca de la casa, hasta que la mujer les gritó a todos: —Vengan a comer...

Fue durante la comida cuando, como lo había dicho Lencho, comenzaron a caer grandes gotas de lluvia. Por el nordeste se veían avanzar grandes montañas de nubes. El aire estaba fresco y dulce.

El hombre salió a buscar algo en el corral sólo para darse el gusto de sentir la lluvia en el cuerpo, y al entrar exclamó:

—Éstas no son gotas de agua que caen del cielo; son monedas nuevas; las gotas grandes son monedas de diez centavos y las gotas chicas son de cinco.

---

en lo alto de un cerro bajo on top of a low hill
maíz... frijol Planted between the rows of corn, the beans climb on the corn stalks for support.
cosecha harvest
un fuerte aguacero que dejara mojados los campos a heavy shower that would drench the fields
dejar de creer ceasing to believe
Ahora sí que viene el agua, vieja Now the rain *is* coming, old girl
Dios lo quiera May it please God
arrancar to pull up
mala hierba weeds
sembrado, -a cultivated

Y miraba con ojos satisfechos el campo de maíz maduro con las flores del frijol, todo cubierto por la transparente cortina de la lluvia. Pero, de pronto, comenzó a soplar un fuerte viento y con las gotas de agua comenzaron a caer granizos muy grandes. Ésos sí que parecían monedas de plata nueva. Los muchachos, exponiéndose a la lluvia, corrían a recoger las perlas heladas.

—Esto sí que está muy malo —exclamaba el hombre—. ¡Ojalá que pase pronto!

No pasó pronto. Durante una hora cayó el granizo sobre la casa, la huerta, el monte, el maíz y todo el valle. El campo estaba blanco, como cubierto de sal. Los árboles, sin una hoja. El frijol, sin una flor. Lencho, con el alma llena de tristeza. Pasada la tempestad, en medio del campo, dijo a sus hijos:

—Una nube de langostas habría dejado más que esto... El granizo no ha dejado nada: no tendremos ni maíz ni frijoles este año.

La noche fue de lamentaciones.

—¡Todo nuestro trabajo, perdido!

—¡Y nadie que pueda ayudarnos!

—¡Este año pasaremos hambre!

Pero en el corazón de todos los que vivían en aquella casa solitaria en medio del valle, había una esperanza: la ayuda de Dios.

—No te aflijas tanto, aunque el mal es muy grande. ¡Recuerda que nadie se muere de hambre!

—Eso dicen: nadie se muere de hambre.

Y mientras llegaba el amanecer, Lencho pensó mucho en lo que había visto en la iglesia del pueblo los domingos: un tri-

---

soplar to blow
granizo hailstone
Ésos sí que parecían monedas Those did look like coins
¡Ojalá que pase pronto! If only it's soon over!
huerta garden (vegetable garden, field)
langosta locust
pasaremos hambre we'll go hungry
No te aflijas tanto Don't feel so badly

ángulo y dentro del triángulo un ojo, un ojo que parecía muy grande, un ojo que, según le habían explicado, lo mira todo, hasta lo que está en el fondo de las conciencias.

Lencho era un hombre rudo, trabajando como una bestia en los campos, pero sabía escribir. Con la luz del día, y aprovechando la circunstancia de que era domingo, empezó a escribir una carta que él mismo llevaría al pueblo para echarla al correo.

Era nada menos que una carta a Dios.

"Dios, —escribió— si no me ayudas, pasaré hambre con toda mi familia durante este año. Necesito cien pesos para volver a sembrar y vivir mientras viene la otra cosecha, porque el granizo..."

Escribió "A Dios" en el sobre, metió la carta, y todavía preocupado fue al pueblo. En la oficina de correos, le puso un sello a la carta, y echó ésta en el buzón.

Un empleado, que era cartero y también ayudaba en la oficina, llegó riéndose mucho al despacho del jefe de correos, y le mostró la carta dirigida a Dios. El jefe —gordo y bondadoso— también empezó a reír, pero muy pronto se puso serio, y mientras daba golpecitos en la mesa con la carta, comentaba:

—¡La fe! ¡Ojalá que yo tuviera la fe del hombre que escribió esta carta! ¡Creer como él cree! ¡Esperar con la confianza con que él sabe esperar! ¡Empezar correspondencia con Dios!

Y, para no desilusionar a aquel tesoro de fe, descubierto por la carta que no podía ser entregada, el jefe de correos tuvo una idea: contestar la carta. Pero cuando la abrió, era evidente que

---

un ojo the all-seeing eye of God
bestia animal
aprovechar to take advantage of
echarla al correo to mail it
para volver a sembrar para sembrar otra vez
el **sobre** envelope
oficina de correos post office
sello stamp
el **buzón** letter-drop

gordo y bondadoso fat and good-natured
se puso serio he grew serious
daba golpecitos en la mesa he tapped the table
¡Ojalá que yo tuviera...! If only I had...!
aquel tesoro de fe that treasury of faith

para contestarla necesitaba algo más que buena voluntad, tinta y papel. Sin embargo, siguió con su determinación: pidió dinero a su empleado, él mismo dio parte de su sueldo, y varios amigos suyos tuvieron que darle algo "para una obra de caridad".

Fue imposible para él reunir los cien pesos pedidos por Lencho, y sólo pudo enviarle un poco más de la mitad. Metió los billetes en un sobre dirigido a Lencho y con ellos una carta que tenía sólo una palabra: DIOS.

Al siguiente domingo, Lencho llegó a preguntar, más temprano que de costumbre, si había carta para él. Fue el mismo cartero quien le entregó la carta, mientras el jefe, con la alegría de quien ha hecho una buena acción, miraba por la puerta desde su despacho.

Lencho no mostró la menor sorpresa al ver los billetes —tanta era su seguridad— pero se enfadó al contar el dinero. ...¡Dios no podía haberse equivocado, ni negar lo que Lencho le había pedido!

En seguida Lencho se acercó a la ventanilla para pedir papel y tinta. En la mesa para el público, empezó a escribir, arrugando mucho la frente a causa del trabajo que le daba expresar sus ideas. Al terminar, fue a pedir un sello, que mojó con la lengua y luego aseguró con un puñetazo. Tan pronto como la carta cayó en el buzón, el jefe fue a abrirla. Decía:

"Dios: del dinero que te pedí, sólo llegaron a mis manos sesenta pesos. Mándame el resto, porque lo necesito mucho; pero no me lo mandes por la oficina de correos, porque los empleados son muy ladrones. —Lencho."

---

sueldo salary
no podía haberse equivocado couldn't have made a mistake
arrugar to wrinkle

mojar to moisten
aseguró con un puñetazo affixed with a blow of his fist
muy ladrones out-and-out thieves

RESUMEN DEL ARGUMENTO

1. ¿Dónde estaba la casa de Lencho? 2. ¿Qué cosas se veían desde allí? 3. ¿Qué necesitaba la tierra? 4. ¿Qué siguió mirando Lencho durante la mañana? 5. ¿Qué hacían los muchachos? 6. ¿Cuándo comenzó a llover? 7. ¿Qué siguió a la lluvia? 8. ¿Cómo quedaron el campo, los árboles, los frijoles? 9. ¿Qué esperanza tenía la familia? 10. ¿A quién escribió Lencho? 11. ¿Qué pedía en la carta? 12. ¿Adónde fue a echarla? 13. ¿Quién la sacó del buzón? 14. ¿Adónde la llevó? 15. ¿Qué idea tuvo el jefe de correos? 16. ¿Cuánto dinero reunió? 17. ¿De dónde lo sacó? 18. ¿Cómo firmó la carta para Lencho? 19. ¿Qué creyó Lencho al contar el dinero? 20. ¿Qué decía en su segunda carta a Dios?

FORMAS Y SINTAXIS

[a] Add **Creí que** and change the verb to pluperfect.

Ha llovido.
Creí que había llovido.

1. He metido la carta.
2. Has dormido mal.
3. Ha comprado bastante.
4. Hemos dejado la llave.
5. Han recogido el correo.
6. He echado la postal.
7. Has perdido el reloj.
8. Ha nevado todo el día.
9. Hemos oído la canción.
10. Han encontrado el oro.
11. Ha amanecido ya.
12. He leído el tema.

[b] Make the verb plural.

Se alegró de verme.
Se alegraron de verme.

1. Se halló sin dinero.
2. Se salvó por milagro.
3. Se perdió en el monte.
4. Se vistió con cuidado.
5. Se enfadó por nada.
6. Se expresó muy bien.
7. Se metió en el agua.
8. Se acercó al río.
9. Se sintió mejor.
10. Se quedó en casa.
11. Se comió la carne.
12. Se transformó por completo.

COMPRENSIÓN DE MODISMOS

1. Pidió dinero a su empleado.   2. Los niños tienen mucha hambre.   3. El ojo dentro del triángulo lo mira todo.   4. De pronto dejó de llover.   5. Al ver el sobre el jefe se puso serio.   6. Pregunté si había carta para mí.   7. Sí que es un problema.   8. Chico, manda el regalo inmediatamente.   9. A causa de la lluvia no jugaron.   10. ¿Quién ha dejado este paquete?   11. No me envíes flores.   12. Es lo único que podemos preparar.   13. La joven volvió a cantar.   14. Compra veinte sellos.   15. Las nubes han cubierto el sol.

ORACIONES MODELO

No me lo mandes.
1. Don't buy it for me.

2. Don't leave it for me.
3. Don't prepare it for me.

Sí que parecían monedas.
4. They *did* look like pearls.
5. They really looked like diamonds.
6. They really did look like flowers.

Al ver los billetes se enfadó.
7. On seeing the stamps he got angry.
8. On seeing the envelope he got angry.
9. When he saw the package he got angry.

PALABRAS EN ACCIÓN

[a] Replace the adverb with a phrase of similar meaning, as in the model.

Me recibió fríamente.
Me recibió de una manera fría.

1. Vistió elegantemente.
      pobremente.
      curiosamente.

2. Me miró severamente.
      fijamente.
      cariñosamente.

3. Habló naturalmente.
      sencillamente.
      graciosamente.

4. Vivió miserablemente.
      humildemente.
      tranquilamente.

[b] Answer each question with a statement like the one above it.

1. **Cuando cae granizo, graniza.**
   ¿Y cuando cae lluvia?
   ¿Y cuando cae nieve?

2. **Amanece por la mañana.**
   ¿Cuándo atardece?
   ¿Cuándo anochece?

[c] Adivinanza

Esta palomita
es blanca y negra.
Vuela y no tiene alas;
habla y no tiene lengua.

(una carta)

[d] Refranes

Después de la lluvia sale el sol.
El hambre tiene mala cara.

Cada lunes y cada martes
hay tontos en todas partes.

DISCUSIÓN

¿Es simpático Lencho? ¿En qué se parece a Jeromo, de "El alacrán de Fray Gómez"? ¿En qué son diferentes los dos? ¿Tienen el mismo concepto de Dios? ¿Desde qué punto de vista mira Lencho el paisaje? ¿Es romántico o realista este cuento? ¿Cuál es la idea principal? ¿Es una anécdota o algo más? ¿En qué consiste la ironía del cuento?

TEMAS

1. Lencho
2. La oficina de correos
3. El uso de detalles gráficos
4. López y Fuentes y la vida mexicana

Miguel de Cervantes Saavedra
(1547-1616)

LA HISTORIA DEL CAUTIVO es una de las novelas cortas que Cervantes incluyó en su obra maestra, *Don Quijote de la Mancha*. Se halla en los capítulos treinta y nueve, cuarenta y cuarenta y uno de la primera parte, publicada en 1605.

    Un día, nos dice Cervantes, cuando Don Quijote y Sancho estaban en la venta que vio tantas aventuras suyas, un hombre y una mujer llegaron a pedir hospedaje. Era una rara pareja. Él en su traje mostraba ser cristiano recién venido de tierra de moros; ella, vestida a la morisca, tenía cubierto el rostro. Tal curiosidad despertaron que uno de los otros huéspedes, después de la cena, le rogó al hombre que contara sus aventuras. "El cautivo" es, en forma abreviada, lo que él contó.

---

cautivo captive
venta inn
el **hospedaje** lodging
tierra de moros a Moslem country
a la morisca in Moorish style

el **huésped** persona a quien se da hospedaje
le **rogó al hombre que contara sus aventuras** asked the man to relate his adventures

Gran parte de "El cautivo" recuerda algunos años de la propia vida de Cervantes. Él, como el protagonista de la historia, peleó contra los turcos en la batalla de Lepanto (1571), donde perdió el uso de la mano izquierda. (Por eso llamamos a Cervantes "el manco de Lepanto".) Cervantes también fue capturado y fue llevado a Argel, donde estuvo preso cinco años. Durante esos años él trató cuatro veces de libertar a compatriotas suyos.

Cada vez que veía frustrado su intento, no culpaba a nadie sino a sí mismo. Por milagro sus crueles amos no lo mataron. Quizá admiraban su valor y su serenidad. Quizá no querían hacerle daño porque creían que valía mucho y que alguien, por rescatarlo, pagaría una buena suma. En efecto, fue rescatado al fin (por quinientos escudos) y volvió a España.

Hasta cierto punto, el cautivo es un Cervantes joven, como Don Quijote es un Cervantes viejo. Así que en esta historia Cervantes nos relata más que una romántica aventura: nos da un poco de la autobiografía de un español que era no sólo un gran escritor sino también un hombre noble y valiente.

---

pelear to fight
Lepanto naval battle fought at the entrance of the Gulf of Corinth
manco, -a persona que ha perdido el uso de la mano
Argel Algiers
preso, -a imprisoned
compatriotas suyos Cervantes himself at one time took fifteen of his fellow captives to a garden near the sea and hid them in a cave for seven months. They failed to escape because some Moors frightened away the boat which was to take them to Spain.
veía frustrado su intento his plan failed
culpar to blame
amo master
rescatar to ransom
escudo crown (a gold coin worth about a dollar in the sixteenth century)

EL CAUTIVO

FUI CAPTURADO EN LA FAMOSA BATALLA de Lepanto, que fue feliz para el mundo cristiano, pues lo sacó del error en que estaba, creyendo que por mar los turcos eran irresistibles. Durante la batalla, el barco en que iba yo fue a ayudar a otro barco cristiano atacado por un turco llamado el Uchalí. Nos acercamos al barco enemigo y yo, siendo capitán de mi compañía, salté a él delante de mis soldados. Pero de pronto el barco se apartó, ellos no pudieron seguirme, y me hallé solo entre mis enemigos.

El Uchalí me llevó cautivo a Constantinopla. Tres años después murió, dejando sus tres mil esclavos a varias personas. A mí me mandaron al Rey de Argel. Allí me echaron en una prisión que llaman "baño", donde tienen a los cristianos, cautivos del Rey y de otras personas. Como sabían que yo era capitán, me metieron entre la gente de rescate. Me pusieron una cadena, y como los cautivos del Rey no salen a trabajar, yo, con otros caballeros, pasaba los días en el baño. Sufríamos casi siempre de hambre, pero sufríamos mucho más de oír y ver constantemente las nunca oídas ni vistas crueldades que mi amo usaba con los cristianos. (Sólo trató bien a un soldado llamado Saavedra, cosa que sorprendió mucho.)

Encima del patio de nuestra prisión estaban unas ventanas cubiertas con celosías. Un día tres compañeros y yo nos hallábamos solos en el patio: los demás cristianos habían salido a trabajar. Tratábamos de saltar con las cadenas, por pasar el tiempo, cuando yo levanté los ojos y vi que por una de aquellas ventanas salió una caña larga con un pañuelo atado al extremo. Uno de mis compañeros fue en seguida a ponerse debajo de la

---

baño bagnio (Moorish prison for slaves)
de rescate held for ransom
cadena chain
caballero gentleman (person of noble, or at least distinguished family, entitled, like the hero of Cervantes' masterpiece, to use Don before his first name)
Saavedra Cervantes se refiere a sí mismo.
celosía lattice

caña, pero en cuanto llegó, levantaron la caña y la movieron de un lado a otro como si dijeran "no" con la cabeza. Fueron los otros dos compañeros, y les pasó lo mismo.

Por último fui yo, y en cuanto me puse debajo de la caña, la bajaron hasta dejar el pañuelo a mis pies. Cogí el pañuelo, y lo desaté; dentro de él había diez escudos de oro. Tomé el dinero, miré la ventana, y vi que una mano muy blanca la cerraba. Con esto entendimos que alguna mujer de aquella casa quería hacernos un favor. En señal de gratitud, todos nosotros hicimos las reverencias que hacen los moros, inclinando la cabeza y cruzando las manos sobre el pecho.

Pasaron quince días en que no vimos ni caña ni mano ni señal alguna. Pero cuando menos lo esperábamos, volvió a aparecer la caña, y atado a ella otro pañuelo. Esto fue cuando, como la primera vez, mis tres compañeros y yo estábamos solos en el patio. Hicimos lo mismo que antes, yendo los otros primero, pero no bajaron la caña hasta llegar yo. Esta vez, al desatar el pañuelo, hallé cincuenta escudos y una carta, escrita en árabe, que tenía al fin una cruz. Besé la cruz, indiqué por señas que leería la carta, hicimos todos nosotros nuestras reverencias, volvió a aparecer la mano, cerraron la ventana.

Teníamos muchos deseos de saber lo que la carta contenía, pero ninguno de nosotros entendía el árabe. Por fin yo decidí fiarme de un renegado español, que profesaba ser gran amigo mío, pues él no sólo sabía hablar árabe sino también leer y escribirlo. Le enseñé la carta, y él estuvo un buen rato mirándola y murmurando entre los dientes.

—Te voy a decir, palabra por palabra, lo que hay aquí —me dijo—, pero debes saber una cosa: "Lela Marién" quiere decir

---

como si dijeran as if they were saying
desatar soltar lo que está atado
en señal de in token of
hicimos las reverencias made the obeisances
quince días dos semanas
ni señal alguna or any sign at all
seña señal
fiarse de to trust
renegado renegade (Christian who becomes a Mohammedan)

"Nuestra Señora la Virgen María". Luego, en español, me leyó la carta, que decía así:

"Yo escribí esto, señor mío; mira a quién lo das a leer. Si mi padre lo sabe, me echará en un pozo y me cubrirá de piedras. Cuando yo era niña, teníamos una esclava cristiana que me contó muchas cosas de Lela Marién y me dijo que yo debía ir a tierra de cristianos. Muchos cristianos he visto por esta ventana, pero ninguno me ha parecido caballero sino tú. Yo soy muchacha, hermosa y rica. A ver si tú puedes llevarme a tierra de cristianos. Allá serás mi marido, si quieres; y si no quieres, Lela Marién me dará marido. En la caña pondré un hilo; si me escribes, puedes atar la carta al hilo. Alá te guarde."

Con esta carta el renegado vio el cielo abierto. Le parecía que con la ayuda de la mora íbamos él y todos nosotros a quedar libres. Le mostramos la ventana por donde aparecía la caña; él marcó la casa y prometió ir a preguntar quiénes vivían en ella. Luego, en árabe, escribió a la mora una respuesta que, en efecto, fue esto:

"Has de saber, señora mía, que yo y estos cristianos que están conmigo te serviremos hasta la muerte. Si llegamos a tierra de cristianos, te prometo, como buen cristiano, que serás mi mujer; y sabes que nosotros los cristianos cumplimos lo que prometemos mejor que los moros. El verdadero Alá te guarde."

Escrita esta carta, tuvimos que esperar dos días, hasta que el baño estuvo solo. Entonces, cuando la caña apareció, até la carta a ella con el hilo que ya estaba puesto. Aquella misma noche el renegado volvió y nos dijo que en aquella casa vivía

---

mira a quién lo das a leer take care who is allowed to read it
pozo well
hilo thread
Alá Allah
vio el cielo abierto saw that we were in luck
marcar to take note of

prometió ir The renegade, now technically a Moslem, went in and out of the prison, as did those captives who worked outside and those already ransomed who were awaiting transportation to Spain.
en efecto in substance

un moro llamado Agi Morato, riquísimo, que tenía una sola hija llamada Zoraida.

Después de cuatro días volvió a aparecer la caña con el pañuelo. En él hallé cien escudos y otra carta, que decía:

"No sé, señor mío, cómo nos vamos a tierra de cristianos: Lela Marién no me lo ha dicho, aunque yo se lo he preguntado. Lo que podré hacer es darte muchísimos escudos. Con ellos podrás rescatarte a ti y a los amigos. Entonces uno de vosotros podrá ir a tierra de cristianos, comprar allí una barca, y volver por los demás. A mí me hallarás en la quinta de mi padre, no muy lejos de la playa, donde tengo que estar todo el verano. De allí, por la noche, podrás sacarme y llevarme a la barca. Alá te guarde."

Al leer esta carta, cada uno de los amigos se ofreció a ir a España por la barca, prometiendo volver con toda puntualidad. Yo también me ofrecí, pero el renegado dijo que no. Creía que debíamos darle a él bastante dinero para comprar una barca allí, en Argel. Siendo él dueño de ella, podría, con pretexto de ser mercader, navegar libremente por la costa. Después podría fácilmente sacarnos a todos y llevarnos a España. Dijo que sería aun más fácil si la mora, como ella decía, daba dinero para rescatarnos a todos, pues así podríamos salir de la ciudad en cualquier momento. El plan del renegado nos pareció bueno, y después de discutirlo un poco, determinamos ponernos en sus manos.

Al día siguiente, Zoraida nos mandó mil escudos y una carta donde decía que el próximo viernes se iba a la quinta. Prometía darnos mil escudos más, pues en su casa había muchísimo oro, y ella tenía las llaves de todo. En seguida le dimos al renegado quinientos escudos para comprar la barca. Cuando, el día antes de irse, Zoraida nos dio los otros mil escudos, me rescaté a mí mismo y a mis tres compañeros.

---

una sola hija an only daughter
los demás los otros

quinta casa de campo
el **mercader** merchant

Dentro de quince días el renegado ya tenía una barca muy buena en que podían ir más de treinta personas. En ella hizo dos o tres viajes por la costa, y cada vez que pasaba por la quinta de Zoraida, daba fondo en una caleta que estaba cerca. Viendo que iba y venía con gran facilidad, que daba fondo cuando y donde quería, y que yo y mis amigos estábamos rescatados, creía que debíamos irnos pronto. Me dijo que, además de los compañeros rescatados, necesitábamos algunos remeros cristianos: yo debía buscarlos. Por fin, con bastante dificultad, hallé a doce españoles que podían salir libremente de la ciudad. Les dije que el viernes, por la tarde, habían de ir, uno por uno y en secreto, a la quinta de Agi Morato. Luego, escondidos cerca de allí, habían de esperarme.

Yo tenía que hacer otra cosa: decirle a Zoraida cuándo pensábamos irnos. Determiné ir a la quinta a ver si podría hablar con ella. La primera persona a quien encontré allí fue a su padre, quien me habló en la mezcla de lenguas que se usa entre moros y cautivos cristianos. Me preguntó quién era y qué hacía en su jardín. Le respondí que era esclavo de Arnaute Mamí (porque sabía que era grandísimo amigo suyo) y que él me había mandado a buscar yerbas para hacer ensalada.

Mientras hablábamos, Zoraida salió al jardín. En aquel momento, cuando la vi por primera vez, me pareció, y me parece ahora, la mujer más hermosa del mundo. Su padre la llamó, y ella vino en seguida adonde estábamos. Él le dijo que yo era esclavo de su amigo Arnaute Mamí, y ella me preguntó si era caballero, y por qué no me rescataba. Yo le respondí que estaba ya rescatado.

—¿Y cuándo te vas a tierra cristiana? —me preguntó.

---

dar fondo to anchor
caleta cove
remero rower
el viernes día que para los árabes es como el domingo para los cristianos

mezcla mixture
Arnaute Mamí personaje histórico, capitán del barco pirata que capturó el barco español en el cual iba Cervantes
yerbas greens

—Muy pronto, creo yo —le respondí.
—Estás, sin duda, casado en tu tierra —dijo ella.
—No estoy casado —dije yo—, pero he dado la palabra de casarme al llegar allí.
—¿Y es hermosa la dama? —preguntó Zoraida.
—Tan hermosa es —respondí yo— que, para decirte la verdad, se parece mucho a ti.

En aquel momento llegó un moro corriendo y gritando que por las paredes del jardín habían saltado cuatro turcos y andaban cogiendo la fruta. Se alarmó el viejo, y también Zoraida, pues los moros tienen miedo a los turcos, que son muy insolentes.

—Hija —dijo el viejo—, tú debes volver a la casa. Yo voy a hablar a esos perros... Y tú, cristiano, puedes buscar tus yerbas e irte en buena hora.

Yo me incliné, y él se fue, dejándome solo con Zoraida. En cuanto su padre desapareció por entre los árboles del jardín, ella se volvió a mí, con los ojos llenos de lágrimas, y exclamó:

—¡Te vas, cristiano, te vas!
—Señora, sí, pero no sin ti —le dije—. El viernes que viene me esperas aquí, y sin miedo, pues estoy seguro que llegaremos felizmente a tierra de cristianos.

En esto volvió el viejo. Zoraida se fue con él y yo, con el pretexto de buscar las yerbas, rodeé todo el jardín. Miré bien las entradas y salidas y la situación de la casa. Luego volví al baño a dar cuenta de todo al renegado y a mis compañeros.

Llegó por fin el día que tanto deseábamos. Al anochecer, el renegado dio fondo con la barca casi delante de la quinta de Zoraida. Ya los remeros cristianos estaban escondidos allí cerca. A aquella hora las puertas de la ciudad estaban cerradas, y por toda la región ninguna persona aparecía.

---

andaban cogiendo la fruta were going around picking the fruit
en buena hora en paz
en esto en este momento

rodeé todo el jardín went all around the garden
dar cuenta de to report

Dudábamos mis amigos y yo si sería mejor ir primero por Zoraida o rendir primero a los remeros moros. Al renegado le pareció que debíamos primero rendir a los moros, pues todos estaban descuidados, y los más de ellos durmiendo. Fuimos, pues, a la barca, y el renegado, saltando dentro y sacando su alfanje, gritó en árabe:

—¡Ninguno de vosotros se mueva si no quiere perder la vida!

Para este tiempo habían entrado en la barca casi todos los remeros cristianos. Les ataron las manos a los moros, quienes, cogidos de sorpresa, les dejaron hacer lo que querían. Luego, mientras algunos cristianos se quedaban a vigilarlos, los otros fuimos a la quinta. La puerta del jardín se abrió con gran facilidad, y así, en silencio, llegamos a la casa sin ser oídos.

Zoraida esperaba en una ventana. Al vernos, bajó; estaba hermosísima y muy ricamente vestida. El renegado le preguntó si su padre estaba en la quinta. Ella respondió que sí, y que dormía.

—Pues será preciso despertarlo —le dijo el renegado— y llevarlo con nosotros.

—No —respondió ella—, no se ha de tocar a mi padre de ningún modo. En esta casa no hay más oro que el que yo llevo, que es bastante para hacernos todos ricos y contentos. Ya veréis.

Entró otra vez en la casa, y salió pronto con un cofrecillo lleno de escudos, tantos que apenas podía llevarlo.

Mientras tanto su padre, por desgracia, se despertó. Oyó ruido, se asomó a la ventana, y viendo a la gente que andaba por el jardín, comenzó a gritar en árabe: "¡Cristianos, cristianos! ¡Ladrones, ladrones!" El renegado subió con grandísima prisa a donde estaba el viejo; también subieron algunos de los remeros cristianos. Bajaron en un momento trayendo al viejo con las

---

rendir to overpower
descuidado, -a off one's guard
el alfanje cutlass
vigilar to guard

de ningún modo in any way
cofrecillo small jewel chest
se asomó a la ventana looked out of the window

manos atadas y puesto en la boca un pañizuelo que no le dejaba hablar palabra. La pobre Zoraida se cubrió los ojos por no ver a su padre, quien no podía sospechar que ella, de buena gana, se había puesto en nuestras manos.

Pronto ya estábamos todos en la barca. Al padre de Zoraida le desataron las manos y le quitaron el pañizuelo de la boca. Prometimos a Zoraida que le daríamos libertad a él y a los remeros moros en la primera ocasión. Ahora era imposible, pues una vez libres darían la alarma en la ciudad, la gente saldría a buscarnos por tierra y por mar, y no nos escaparíamos nunca. Luego cada uno de nuestros valientes remeros tomó su remo, y empezamos a navegar.

Habríamos navegado treinta millas cuando amaneció. Soplaba un viento que nos obligó luego a dejar el remo y levantar vela. Dimos de comer a los moros, y el renegado los consoló diciéndoles que no iban cautivos, pues pensábamos soltarlos pronto. Lo mismo le dijo al padre de Zoraida, pero él respondió:

—¡No soy bastante simple, oh cristianos, para esperar de vosotros tanta generosidad! Sin embargo, os ofrezco todo lo que tengo por mí y por esta pobre hija mía, que es la mayor parte de mi alma.

Al oír estas palabras, Zoraida se levantó y fue a abrazar a su padre. Entonces él la miró, y viéndola vestida tan de fiesta y adornada con tantas joyas, le dijo en su lengua:

—¿Qué es esto, hija, que te veo con tus mejores vestidos? (Todo lo que el moro decía a su hija, nos lo traducía el renegado.) Luego él vio a un lado de la barca el cofrecillo donde ella acostumbraba tener sus joyas. Le preguntó cómo aquel cofrecillo

---

pañizuelo pañuelo pequeño
de buena gana of her own free will
ocasión opportunity
una vez libres the moment they were free

remo lo que usan los remeros para remar
levantar vela to hoist sail
Dimos de comer We gave something to eat
acostumbraba tener usually kept

había venido a nuestras manos y qué llevaba dentro. Zoraida no le respondió, pero el renegado le dijo:

—No debes cansarte, señor, en hacer tantas preguntas a tu hija. Yo, con una palabra, contestaré a todas. Ella es cristiana, ha sido la lima de nuestras cadenas, y viene aquí de buena gana.

—¿Es verdad lo que éste dice, hija? —preguntó el moro.

—Así es —respondió Zoraida.

Al oír esto, el viejo, con extraordinaria agilidad, se arrojó de cabeza al mar, pero nosotros lo cogimos por el largo manto que usaba y lo sacamos.

Para entonces el viento había cambiado y nos veíamos obligados a ir al remo hacia tierra. Temíamos encallar en ella, pero nuestra buena suerte nos llevó a una caleta que estaba al lado de un pequeño promontorio. Pusimos centinelas en tierra y, sin dejar los remos de las manos, comimos de lo que el renegado había traído. Decidimos, antes de irnos de allí, poner en tierra al padre de Zoraida y a los demás moros, pues no corríamos peligro ninguno al dejarlos en aquel lugar solitario. Esperamos hasta que el viento nos invitó a seguir nuestro viaje. Entonces desatamos a los moros, y uno por uno los pusimos en tierra. Todos, menos el viejo, quedaron muy contentos, pero él, volviéndose a Zoraida, le dijo:

—Oh, niña infame, ¿adónde vas con estos perros, naturales enemigos nuestros? ¡Maldita la hora en que naciste! ¡Maldita la vida en que te he criado! ¡Maldita...!

Viendo que el viejo no iba a acabar en mucho tiempo, con toda prisa lo pusimos en tierra, pero desde allí siguió con sus maldiciones. Mientras tanto levantamos vela. Pronto nos vimos

---

ha sido la lima de nuestras cadenas she has been the file that cut our chains, i.e., the instrument of our liberation
se arrojó de cabeza plunged headlong
para entonces by then
ir al remo to row

encallar to run aground
el centinela persona que vigila
no corríamos peligro ninguno we were running no risk
infame wicked
maldición curse
mientras tanto meanwhile

tan lejos de la playa que no oímos sus palabras; pero una vez pudimos entender que decía:

—¡Vuelve, querida hija, vuelve a tierra! Te lo perdono todo.

Zoraida lo escuchaba, pero sólo podía decir:

—Es triste lo que he hecho, pero Alá sabe bien que no pude hacer otra cosa.

Yo la consolé lo mejor que pude, diciéndole que, con viento tan favorable, estábamos seguros de vernos al amanecer en una playa de España.

RESUMEN DEL ARGUMENTO

1. ¿En qué libro se encuentra la historia del cautivo?   2. ¿En qué batalla fue capturado éste?   3. Al llegar a Argel, ¿en qué sitio lo metieron?   4. ¿Qué muchacha vivía en la casa que daba al patio?   5. ¿Cómo bajaba ella cartas y dinero?   6. ¿Quién sabía leer las cartas?   7. ¿Adónde quería ir Zoraida?   8. ¿Qué hicieron los tres compañeros con el dinero que ella les dio?   9. ¿Qué compró el renegado?   10. ¿Adónde fue Zoraida a pasar el verano?   11. ¿Qué traía ella cuando se fue con los cristianos?   12. ¿Por qué tenían que llevarse a su padre?   13. ¿Qué le prometieron al viejo?   14. ¿Qué hizo sospechar al padre que su hija iba de buena gana?   15. ¿Quién le dijo la verdad?   16. ¿Qué hizo el

viejo al oírla? 17. ¿Quiénes lo salvaron? 18. ¿Dónde dejaron los cristianos a los moros? 19. ¿Qué le dijo el viejo a Zoraida cuando lo ponían en tierra? 20. ¿Cuál fue la última cosa que le dijo?

FORMAS Y SINTAXIS

[a] Replace the perfect tense with an **acabar de** construction.

Hemos vuelto a casa.
Acabamos de volver a casa.

1. He visto la barca.
2. Has roto la taza.
3. Ha puesto la mesa.
4. Hemos abierto la caja.
5. Han oído la noticia.
6. He escrito la nota.
7. Has hecho una falta.
8. Han cubierto la silla.
9. Hemos leído el cuento.
10. Ha muerto en casa.
11. He devuelto el libro.
12. Hemos dicho adiós.

[b] Make subject and verb plural.

Yo no prometía ir.
Nosotros no prometíamos ir.

1. Yo no podía seguir.
2. Yo no esperaba tener carta.
3. Yo no pensaba salir.
4. Yo no veía al cartero.
5. Yo no deseaba perder.

6. Yo no oía ladrar al perro.
7. Yo no quería trabajar.
8. Yo no iba a hablar.
9. Yo no dejaba entrar a nadie.
10. Yo no acostumbraba pasear.
11. Yo no debía gritar.
12. Yo no mandaba flores.

COMPRENSIÓN DE MODISMOS

1. Mientras tanto había amanecido. 2. Para entonces los chicos habían vuelto. 3. Era grandísimo amigo suyo. 4. Hice lo mismo que antes. 5. Por desgracia me cogieron. 6. El niño se parece mucho a él. 7. Pensábamos viajar juntos. 8. En efecto, no me han dicho nada. 9. Volvió a aparecer el sol. 10. Habíamos de ir por la tarde. 11. En cuanto llegué, vinieron a verme. 12. Han hecho muchísimas preguntas. 13. Siguieron cogiendo la fruta. 14. Al anochecer empezó a nevar. 15. Hemos venido de buena gana.

ORACIONES MODELO

Yo la consolé lo mejor que pude.
1. I answered her the best I could.
2. I helped her the best I could.
3. I advised her the best I could.

Habían de esperarme al anochecer.
4. He was to wait for me at nightfall.
5. They are to wait for me at nightfall.
6. You are to wait for me at nightfall.

Llegamos a la casa sin ser oídos.
7. We got to the house without being caught.

8. We got to the house without being followed.
9. We got to the house without being seen.

PALABRAS EN ACCIÓN

[a] Replace the absolute superlative with **muy** plus the adjective.

El moro era riquísimo.
El moro era muy rico.

1. Todo es facilísimo.
2. La pared es altísima.
3. La casa es blanquísima.
4. La chica es lindísima.
5. El tema es malísimo.
6. La playa es hermosísima.
7. El abuelo es viejísimo.
8. La calle es larguísima.
9. El pozo es hondísimo.
10. El chico es listísimo.

[b] Complete the sentence with the appropriate verb.

Quien da un salto...
Quien da un salto salta.

1. Quien da una respuesta ....
2. Quien da un grito ....
3. Quien da una sorpresa ....
4. Quien tiene esperanzas ....
5. Quien tiene deseos ....
6. Quien tiene sospechas ....
7. Quien tiene dudas ....
8. Quien hace preguntas ....
9. Quien hace viajes ....
10. Quien hace cambios ....

[c] Refranes

Which of these common sayings is the equivalent of "You can't teach an old dog new tricks"?

1. El oro hace cristiano al moro.
2. Moro viejo, mal cristiano.
3. No es lo mismo decir moros vienen que verlos venir.

[d] Más refranes

Gran caballero es Don Dinero.

Buenas costumbres y dinero
hacen al hombre caballero.

Bien venidos los huéspedes
por el gusto que dan
cuando se van.

DISCUSIÓN

¿Es romántica o realista esta historia? ¿Hay cosas inverosímiles? ¿Qué personaje es más interesante? ¿En qué son semejantes Zoraida y Ramaiquía, de "El día del lodo"? ¿Por qué le gustó el cautivo a Zoraida? ¿Se enamoró de él? ¿Amaba ella a su padre? Don Quijote quería irse por el mundo socorriendo a las damas desgraciadas. En "El cautivo", ¿quién socorre a quién?

TEMAS

1. Zoraida
2. El padre de Zoraida
3. La vida de los moros y cristianos en Argel
4. Las aventuras del cautivo y de Cervantes mismo

Vicente Blasco Ibáñez
(1867-1928)

VIDA TUMULTUOSA podemos llamar la de Blasco Ibáñez. Siendo hombre de convicciones en extremo liberales, tomó parte en conspiraciones, peleas y duelos. A los dieciocho años de edad ya había estado en la cárcel. Estudió para abogado; fue periodista; entró en la política. Viajó por muchas partes del mundo. Fue huésped del Sultán de Turquía. Perdió y recuperó su fortuna tres o cuatro veces. Pasó los últimos años de su vida en el destierro causado por su oposición a la dictadura de Primo de Rivera y al rey Alfonso XIII, contra quienes dejó caer desde el cielo multitud de hojas sueltas.

Su energía, su amor a lo dramático, su sentido de luz y color, hacen que sus escritos estén llenos de fuerza y de vida. Con un par de pinceladas pinta escenas que dan la ilusión de la realidad.

---

la **cárcel**   prison
Estudió para abogado   He studied to be a lawyer
Turquía   Turkey
la **dictadura de Primo de Rivera**   dictatorship which lasted from 1923 to 1930
hoja suelta   leaflet
pincelada   (brush) stroke

En sus novelas hay tanta acción como en las más de las películas. En efecto, algunas de ellas, en particular *Sangre y arena* y *Los cuatro jinetes del Apocalipsis,* se han llevado a la pantalla.

Blasco Ibáñez era un hombre de hondas pasiones y simpatías. Dedicó gran parte de su talento a la causa del pobre, cuya lucha por la vida ha sido siempre dura y de incierto resultado. Empezó por escribir sobre los pobres que vivían entre los naranjales y junto al mar en su propia región de Valencia. *La barraca* (1898), novela que pertenece a esos años, es su obra maestra. "Golpe doble", incluido aquí, es de *La condenada y otros cuentos,* que apareció en 1891.

Con el tiempo, Blasco Ibáñez empezó a transferir el fondo de sus novelas a otras partes de España, luego a América. Por fin, con la llegada de la Primera Guerra Mundial, escribió las novelas sobre la guerra que le hicieron famoso y rico, aunque son inferiores a las que escribió al principio de su carrera.

Sangre y arena *Blood and Sand*
Los cuatro jinetes del Apocalipsis *The Four Horsemen of the Apocalypse*
pantalla screen
el **naranjal** sitio plantado de naranjos
Valencia región y ciudad del este de España
barraca casita típica de la Valencia rural

GOLPE DOBLE

AL LLEGAR A SU BARRACA, SENTO VIO un papel debajo de la puerta. Era un anónimo en que le pedían cuarenta duros. Debía dejarlos aquella noche en el horno que tenía frente a su barraca.

Toda la huerta estaba asustada por aquellos bandidos. Los que se negaban a obedecer tales demandas veían sus campos consumidos por el fuego, y hasta podían despertar a medianoche sin tiempo apenas para huir del techo de paja de sus barracas, que se venía abajo entre llamas.

Gafarró, que era el mozo más fuerte y más valiente de la huerta, juró descubrirlos, y se pasaba las noches escondido, con la escopeta al brazo, esperándolos. Una mañana, sin embargo, le encontraron muerto en una acequia, lleno de balas.

Hasta los periódicos de Valencia hablaban de lo que sucedía en la huerta. Al anochecer se cerraban las barracas y reinaba un pánico egoísta, buscando cada uno su salvación, sin pensar nadie en el vecino. Mientras tanto, Batiste, el alcalde de aquel distrito, prometía al gobierno de Valencia, a que pertenecía la huerta, que él y su fiel alguacil, Sigró, se bastaban para acabar con aquella calamidad. A pesar de esto, Sento no pensaba acudir al alcalde. ¿Para qué? No quería oír vanas promesas y mentiras.

Lo cierto era que los ladrones exigían cuarenta duros y si no los dejaba en el horno, le quemarían su barraca, aquella querida barraca que miraba ya como un hijo próximo a perderse. Sento había construido sus blanquísimas paredes, sus ventanas azules, su negro techo de paja coronado por una cruz; había

---

anónimo carta sin firmar
duro moneda de plata que vale cinco pesetas
horno oven
mozo joven
huerta en Valencia, región de tierra cultivada
la escopeta al brazo his gun cradled in his arm

acequia irrigation ditch
bala bullet
pánico egoísta selfish terror (everyone fearing for his life)
el alcalde mayor
fiel alguacil trusty sheriff
próximo a perderse soon to be lost
coronar to crown

cubierto la puerta con una verde parra, por la que entraban los rayos del sol como lluvia de oro. Había hecho también un gran horno de tierra y de ladrillos, redondo como un huevo. Aquello era toda su fortuna, el nido que guardaba lo más amado: su mujer, los tres chiquillos, el par de viejos caballos, fieles compañeros en la diaria lucha por el pan, y la vaca blanca que iba por las calles despertando a la gente con su cencerro y dejándoles la leche de la mañana.

¡Cuánto había tenido que trabajar en aquellos campos, que sus abuelos le habían dejado, para reunir los pocos duros que guardaba en una lata enterrados bajo la tierra! ¡No iban a sacarle cuarenta duros tan fácilmente!... Era un hombre pacífico; toda la huerta podía responder por él. Nunca reñía con nadie, ni visitaba la taberna, ni llevaba escopeta cuando salía. Trabajar mucho para su Pepeta y los tres chiquillos era su único deseo; pero ya que querían robarle, sabría defenderse.

Como se acercaba la noche y nada tenía resuelto, fue a pedir consejo al viejo de la barraca vecina, un débil anciano, pero de quien se decía que en la juventud había dado muerte a más de dos.

El viejo lo escuchó con los ojos fijos en un grueso cigarro que estaba haciendo. Hacía bien en no querer soltar el dinero. El hombre que quiere robar debe hacerlo en el camino, cara a cara, exponiendo la vida, y no como un cobarde. Él mismo pasaba ya de los sesenta, pero cuando se trataba de defender lo suyo, sentía la fuerza y el valor de la juventud. Sento se sentía dominado por las palabras del anciano. Ahora más que nunca se creía capaz de todo para defender el pan de sus hijos.

---

parra grapevine
nido nest
cencerro (cow)bell
lata tin can
reñir to quarrel
nada tenía resuelto he had made no decision
grueso, -a thick
se trataba de defender lo suyo it was a question of defending what was his

El viejo entró en la barraca y sacó con gran reverencia la joya de la casa, una enorme escopeta, que besaba como si fuera una hija. La limpió, la cargó con mucho cuidado, y la entregó a Sento, dándole instrucciones para que no errara el golpe, puesto que era escopeta de sólo un tiro. Cuando sintiera a alguien acercarse, levantaría la escopeta, apuntaría con calma a la boca del horno, y cuando el ladrón llegara, ¡hacer fuego! Nada más sencillo.

Aquella noche dijo Sento a su mujer que esperaba turno para regar, y toda la familia le creyó. Por consejo del maestro, se tendió en el suelo entre unas plantas a la sombra de la barraca. La pesada escopeta descansaba entre sus brazos, apuntando firmemente a la boca del horno. No podía perder el tiro.

Sento creyó que estaba solo, que en toda la inmensa huerta, estremecida por la brisa, no había más hombres que él y *aquéllos* que iban a llegar. ¡Ojalá no vinieran! Lo que sentía no era frío sino miedo. ¿Qué diria el viejo si estuviera allí? Sus pies tocaban la barraca, y al pensar que tras aquella pared de barro dormían Pepeta y los chiquillos, sin otra defensa que sus brazos, el pobre hombre se sintió otra vez fiera.

De pronto vibró el espacio. Era el gran reloj de la catedral de Valencia que daba las nueve. Se oía el ruido de un carro rodando por un remoto camino. Ladraban los perros de corral en corral, cantaban las ranas su ronco *ric-rac* en la vecina acequia, y

---

como si fuera as if it were
cargar to load
para que no errara el golpe so that he might not miss
Cuando sintiera When he heard
¡hacer fuego! fire!
esperaba turno para regar it was going to be his turn to irrigate (In the **huerta** of Valencia, the system of irrigation, established by the Moors, was strictly controlled by the Tribunal de Aguas, which prescribed when and how long each person might have his sluice gates open.)
tenderse to lie down
estremecer to stir
¡Ojalá no vinieran! If only they wouldn't come!
barro mud
fiera wild beast
vibró el espacio the air vibrated
rodar to roll
rana frog

las ratas corrían y saltaban cerca del horno. Sento contaba las horas que iban sonando en la catedral. Era lo único que interrumpía el tedio de la espera. ¡Las once! ¿No vendrían ya? ¿Les habría tocado Dios en el corazón?

Las ranas callaron. Por el camino venían dos cosas oscuras que a Sento le parecieron dos perros enormes. Eran, sin embargo, dos hombres que avanzaban encorvados, casi de rodillas.

—Ya están ahí —murmuró, y sus piernas empezaron a temblar.

Los dos hombres miraron a todos lados, como temiendo una sorpresa. Se acercaron a la puerta de la barraca, pegando el oído a la puerta, y pasando dos veces cerca de Sento, sin que éste pudiera conocerlos, pues llevaban cubierto el rostro. ¿Serían éstos los mismos que mataron a Gafarró? Ya iban hacia el horno. Uno de ellos se inclinó, metiendo las manos en él. ¡Magnífico tiro! Pero ¿y el otro que quedaría libre?

El pobre Sento comenzó a sentir en la frente un sudor frío. Matando a uno, quedaría desarmado ante el otro. Pero sería peor si los dejaba ir sin encontrar el dinero, porque se vengarían quemándole la barraca.

Por fin el que estaba velando se cansó de esperar y fue a ayudar a su compañero en la busca. Los dos formaban un oscuro bulto frente a la boca del horno. Aquélla era la ocasión. ¡Ánimo, Sento! ¡Fuego!

El tiro resonó por toda la huerta, y al instante se oyó una tempestad de gritos y ladridos. Sento sintió en la cara el calor de la explosión. La escopeta había caído al suelo, y él agitó las manos para convencerse de que estaban enteras. Estaba seguro

---

¿No vendrían ya? Could it be that they weren't coming?
encorvados, casi de rodillas bent over, almost on their knees
pegando el oído a la puerta glueing their ears to the door
sin que éste pudiera conocerlos without his being able to recognize them
el sudor sweat
velar vigilar
bulto mass
ladrido sonido que da el perro cuando ladra

de que no había errado el tiro. Cuando se dirigía al horno, se abrió la puerta de la barraca y salió Pepeta con una luz. La había despertado la detonación y salía, más muerta que viva, temiendo por su marido.

La luz roja de su linterna llegó hasta la boca del horno, cayendo sobre dos hombres tendidos en el suelo, uno sobre otro. El golpe de la vieja escopeta había sido doble.

Y cuando Sento y Pepeta bajaron la luz para verles la cara, su sorpresa fue mayor aún que el miedo que sentían...

Era el alcalde, Batiste, y su alguacil, Sigró.

---

no había errado el tiro he had not missed
detonación explosión

El golpe de la vieja escopeta había sido doble The shot from the old gun had got them both

RESUMEN DEL ARGUMENTO

1. ¿Dónde encontró Sento el anónimo?   2. ¿Cuánto dinero le pedía?   3. ¿Dónde había de dejarlo?   4. ¿Qué asustaba a la gente de la huerta?   5. ¿Qué se hacía al anochecer?   6. ¿Quiénes prometían acabar con aquella calamidad?   7. ¿Cómo era la barraca de Sento?   8. ¿Qué guardaba allí?   9. ¿A quién fue a pedir consejo?   10. ¿Qué le entregó éste?   11. ¿De cuántos tiros era?   12. ¿Dónde se tendió Sento aquella noche?   13. ¿Adónde tenía apuntada la escopeta?   14. ¿Qué cosas oyó mientras esperaba?   15. ¿A qué hora vinieron los ladrones?   16. ¿Qué hicieron al acercarse a la barraca?   17. ¿Adónde se dirigieron después?   18. ¿En

qué momento hizo fuego Sento? 19. ¿Con qué resultado?
20. ¿Quiénes eran los ladrones?

FORMAS Y SINTAXIS

[a] Change the verb to the present progressive.

Espera el tren.
Está esperando el tren.

1. Busca el periódico.
2. Quema los papeles.
3. Mira el paisaje.
4. Juega al tenis.
5. Despierta a todos.
6. Hace un mapa.
7. Llueve más que nunca.
8. Pierde demasiado.
9. Expone la vida.
10. Dirige el desfile.
11. Escribe un cuento.
12. Abre el telegrama.

[b] Make subject and verb plural.

Se oye el reloj.
Se oyen los relojes.

1. Se abre el paquete.
2. Se cambia la cinta.
3. Se escribe el número.
4. Se cierra el libro.
5. Se envía el regalo.
6. Se lee el tema.
7. Se explica el dolor.

8. Se mete el pie.
9. Se firma la carta.
10. Se sabe el nombre.
11. Se llena el vaso.
12. Se envuelve la joya.

COMPRENSIÓN DE MODISMOS

1. Se tendió en el suelo.   2. Cargó la escopeta con mucho cuidado.   3. Vivíamos frente a la iglesia.   4. Creyó que no había más hombres que él.   5. Pronto se cansó de velar.   6. Se negaron a esperar turno.   7. El reloj daba las once.   8. Se trataba de defender lo suyo.   9. No teníamos nada resuelto.   10. El viejo pasaba ya de los sesenta.   11. Los perros ladraban más que nunca.   12. Seguí a pesar de tener sed.   13. Al instante se oyó un ruido.   14. Puesto que no sirvo para nada, me voy.   15. Es lástima perder tanto tiempo.

ORACIONES MODELO

Nunca reñía con nadie.
1. He never went out with anyone.
2. He never played with anyone.
3. He never worked with anyone.

Lo que sentía no era frío sino miedo.
4. What he felt was not hunger but thirst.
5. What he felt was not love but pity.
6. What he felt was not pain but surprise.

Sería peor si los dejaba ir.
7. It would be better if he let them go.
8. It would be easier if he let them go.
9. It would be harder if he let them go.

PALABRAS EN ACCIÓN

[a] Give the sensible answer.

¿Ladran los gatos o los perros?
Ladran los perros.

1. ¿Cantan las ranas o las ratas?
2. ¿Navegan los bandidos o los piratas?
3. ¿Ruedan los barcos o los carros?
4. ¿Queman las llamas o las llaves?
5. ¿Matan las balas o las pelotas?

[b] Make subject and predicate plural.

El que tiene valor es valiente.
Los que tienen valor son valientes.

1. El que tiene inteligencia es inteligente.
2. El que tiene libertad es libre.
3. El que tiene juventud es joven.
4. El que tiene felicidad es feliz.
5. El que tiene fuerza es fuerte.
6. El que tiene riqueza es rico.
7. El que tiene gracia es gracioso.
8. El que tiene fama es famoso.

[c] Adivinanza

¿Cuál es aquel pobrecito,
siempre andando,
siempre andando,
que no sale de su sitio?

(el reloj)

[d] Cuento de nunca acabar

Las dos de la noche eran
cuando sentí ruido en casa.
Subo la escalera ansioso,
saco la brillante espada.
Toda la casa registro,
en ella no encuentro nada,
y por ser cosa curiosa,
voy a volver a contarla.
Las dos de la noche eran...

DISCUSIÓN

¿En qué se parece Sento a Lencho, de "Una carta a Dios"? ¿En qué es diferente? ¿Qué autor siente más simpatía por el protagonista de su cuento? ¿Qué escena de "Golpe doble" es más emocionante? ¿Qué sonidos forman parte de ella? En este cuento ¿hay trama (la resolución de un problema)? Si hay trama, ¿cuál es el problema? ¿Cómo se resuelve? ¿Haría película este cuento? ¿Qué elementos del argumento se hallan en nuestras películas del Oeste? ¿Qué actor haría bien el papel principal?

TEMAS

1. Sento y su familia
2. La huerta de Valencia
3. Cómo se mantiene la tensión del relato
4. La vida de Blasco Ibáñez

Abraham Valdelomar
(1887-1919)

ABRAHAM VALDELOMAR fue siempre hombre de inquieto espíritu. Pasó los treinta y dos años de su vida en busca de algo que nunca pudo encontrar. Se metió en la política. Luego entró en la diplomacia, lo cual le hizo posible vivir por algún tiempo rodeado de la clásica belleza de Roma. Las artes le atraían: en cierta ocasión pensó dedicarse a la caricatura. Escribió poesía que no tuvo éxito. Por fin se hizo famoso escribiendo cuentos.

A pesar de su muy breve carrera, Valdelomar hizo una contribución importante a la literatura regional del Perú. *Los hijos del Sol* (1921) es una hermosa serie de cuentos que evocan los tiempos de los Incas. En cambio, el fondo de *El Caballero Carmelo* (1918) es el Perú de hoy. Trata de una familia que vive en el pequeño puerto de Pisco, y en particular de un niño de nueve años que forma parte de ella.

---

belleza hermosura
atraer to attract

el **Inca** rey o noble entre los habitantes del Perú antiguo

El que lee los cuentos titulados "El Caballero Carmelo", "Los ojos de Judas" y "El Vuelo de los Cóndores" recibe impresiones que a veces tienen la cualidad de los sueños que sobreviven el despertar. El lector anda con el niño por la playa. Ve la neblina, el encender de los faroles del muelle al anochecer, las misteriosas luces de mar adentro. Oye el rugir del océano, "su canto nocturno, muy distinto del canto del día". Pasea por el pequeño puerto, con sus tres plazas y su tranvía tirado por mulas, "el cochecito", que pasa por ellas.

El lector también conoce a los miembros de la familia del niño: al padre que trabaja en la aduana y va, elegantemente vestido de blanco, a los barcos que dan fondo en el puerto; a la madre, "dulcemente triste"; a los simpáticos hermanos. Y sobre todo pasa unas horas con un niño (Valdelomar mismo) de extraordinaria sensibilidad.

---

sobrevivir to survive
el **lector** reader
neblina mist
el **farol** street lamp
el **muelle** wharf
de mar adentro far out at sea

rugir to roar
tranvía tirado por mulas mule-drawn streetcar
aduana customs
sensibilidad sensitivity

EL VUELO DE LOS CÓNDORES

AQUEL DÍA SALÍ DE LA ESCUELA A LAS cuatro, y me detuve en el muelle, donde un grupo de curiosos rodeaba a unas cuantas personas. Me metí entre ellos y supe que había desembarcado un circo.

—Ése es el barrista —decían unos, señalando a un hombre de cara grave, que discutía con los empleados de la aduana—. Aquél es el domador.

—Éste es el payaso —dijo alguien.

Pasaron luego algunos artistas más; y, cogida de la mano de un hombre viejo, una niña blanca, muy blanca, de pelo rubio y lindos ojos negros. Pasaron todos. Los seguí entre la multitud hasta que tomaron el cochecito. Yo estaba alegre por haberlos visto. Al día siguiente contaría en la escuela quiénes eran, cómo eran y qué decían. Pero andando a casa me di cuenta de que ya iba oscureciendo. Era muy tarde.

Llegué a casa. Todos estaban serios. Mis hermanos no se atrevían a decir palabra. Felizmente mi padre no estaba. Cuando fui a dar el beso a mamá, ésta, sin darle la importancia de otros días, me dijo fríamente:

—Jovencito, ¿éstas son horas de venir?...

Yo no respondí nada. Me encerré en mi cuarto y me senté en la cama con la cabeza inclinada. Nunca había llegado tarde a mi casa. Oí un suave ruido; levanté los ojos. Era mi hermanita. Se acercó a mí tímidamente.

—Oye —me dijo, tirándome del brazo—, anda a comer.

—¿Ya comieron todos? —le pregunté.

—Hace ya mucho tiempo. ¡Si ya vamos a acostarnos!...

---

unas cuantas personas a few people
me metí entre ellos I mingled with them
desembarcar salir de un barco
el barrista trapeze performer
discutir to argue
domador lion tamer
payaso clown

cogida de la mano de hand in hand with
Jovencito, ¿éstas son horas de venir? Young man, is this any time to get home?
tirándome del brazo pulling me by the arm
¡Si ya vamos a acostarnos! Why we're just going to bed!

—Oye —le dije—, ¿y qué han dicho?
—Nada; mamá no ha querido comer...
Yo no quise ir a la mesa. Mi hermana salió y volvió en seguida trayéndome pan, un plátano y unas galletas que le habían regalado por la tarde.
—Anda, come. No te van a hacer nada.
—No, no quiero.
—Pero oye, ¿adónde te fuiste?
Me acordé del circo, empecé a contarle las maravillas que había visto. ¡Eso era un circo!
—Hay un barrista con unos brazos muy fuertes —decía—. Hay un domador muy feo. ¡Y el payaso tiene un mono, con un saquito rojo, atado a una cadena!... ¡Es un circo espléndido!
—¿Y cuándo dan función?
—El sábado.
E iba a continuar, cuando apareció la criada.
—Niñita, ¡a acostarse!
Salió mi hermana. Oí en la otra habitación la voz de mi madre, que la llamaba.
Sentí ruido poco después. Era mi hermanita. Se había escapado de su cama; echó algo sobre la mía y me dijo:
—Oye, los dos centavos para ti, y el trompo también te lo regalo.
Soñé con el circo. Claramente aparecieron en mi sueño todos los personajes. Vi pasar al barrista, al payaso, al mono y, en medio de ellos, a la niña rubia, delgada, de ojos negros, con su triste y dulce mirada.
Llegó el sábado. Durante el almuerzo mis hermanos no hablaron más que del circo. Era extraordinaria la agilidad del barrista; el mono era un prodigio; jamás había llegado un payaso más

---

Yo no quise I refused
galleta cracker
saquito little jacket
dar función to give a performance
¡a acostarse! go to bed!
trompo top

gracioso que Confitito; y luego... todos los jóvenes del pueblo iban a ir aquella noche al circo...

Papá sonreía procurando estar serio. Al concluir el almuerzo sacó un sobre.

—¡Entradas! —cuchichearon mis hermanos.

El sobre fue a manos de mi madre. Se levantó papá, y con él la solemnidad de la mesa. Todos, saltando de nuestros asientos, rodeamos a mi madre.

—¿Qué es? ¿Qué es?

—¡Estarse quietos o... no hay nada!

Volvimos a nuestros puestos. Se abrió el sobre y ¡oh, papelitos morados! Eran las entradas para el circo; venía dentro un programa. ¡Qué programa! ¡Con letras enormes y con los artistas pintados! Mi hermano mayor leyó. ¡Qué maravilla!

El famoso barrista Kendall, el hombre de goma; el célebre domador Mister Glandys; la bellísima amazona Miss Blutner, con su caballo blanco, el caballo matemático; el graciosísimo payaso Confitito, rey de los payasos del Pacífico, y su mono; y el extraordinario y emocionante espectáculo, El Vuelo de los Cóndores, ejecutado por la pequeñísima artista Miss Orquídea.

Me dio una corazonada. La niña no podía ser otra. ¡Miss Orquídea! ¿Y esa niña frágil y delicada iba a realizar aquel prodigio? Yo, pensando, me fui al jardín, después a la escuela, y aquella tarde no hablé palabra con ninguno de mis compañeros.

A las cuatro salí del colegio y fui a casa. Dejaba los libros cuando sentí ruido y las carreras locas de mis hermanos.

—¡Abraham, Abraham! —gritaba mi hermanita—. ¡El convite! ¡El convite!

---

el **confite** candy
entrada ticket
cuchichear to whisper
puesto sitio
morado, -a purple
con los artistas pintados with pictures of the performers
goma rubber

amazona horsewoman
Me dio una corazonada My heart skipped a beat
colegio escuela
las carreras locas the mad racing
el convite parade

Salimos todos a la puerta. Por la calle venía un grupo enorme de gente. Avanzaron. Vimos pasar la banda de músicos, el bombo yendo delante; después, en un caballo blanco, la artista Miss Blutner, con su ceñido talle, sus rosadas piernas, sus brazos desnudos y redondos. Mister Kendall, mostrando sus musculosos brazos, iba en otro caballo. Montaba el tercero Miss Orquídea, que sonreía tristemente; en seguida el mono, montado en un burro pequeño; por último Confitito, rodeado de multitud de chiquillos que palmoteaban llevando el compás de la música. En la esquina se detuvieron y Confitito cantó esta copla:

Los jóvenes de este tiempo
usan flor en el ojal,
y dentro de los bolsillos
no se les halla un real.

Un aplauso tremendo siguió a las últimas palabras del payaso. Agitó éste su cónica gorra, descubriendo su pelada cabeza. Rompió el bombo la marcha, y todos se perdieron por el fin de la plazuela. Una nube de polvo los seguía, y nosotros entramos en la casa.

Mis hermanos apenas comieron. No veíamos la hora de llegar al circo. Nos vestimos todos, y nos despedimos de mamá. Salimos, atravesando la plazuela, y subimos al cochecito, que agitaba su campana.

Llegamos por fin al circo. Estaba en una estrecha calle. Un grupo de personas esperaba en la puerta, que iluminaban dos

---

bombo drum
su ceñido talle her tiny waist
palmoteaban... llevando el compás de la música clapped... in time to the music
esquina corner
el **ojal** buttonhole
no se les halla un real you won't find a cent

gorra cap
pelar to shave
Rompió el bombo la marcha The drum struck up the march
polvo dust
No veíamos la hora We couldn't wait
atravesar cruzar

grandes aparatos de bencina. Entramos por un callejoncito de adobes, pasamos por un espacio pequeño donde charlaba gente, y al fondo, en un inmenso corral, se levantaba la carpa. Una gran carpa, de la que salían gritos y risas.

El circo estaba lleno. Nosotros ocupamos nuestro palco, muy cerca de la pista, donde iban a realizarse las maravillas de aquella noche. El programa comenzó.

Música por la banda. Presentación de la compañía. Salieron los artistas en doble fila. Llegaron al centro de la pista y saludaron a todos lados, con una actitud uniforme, peculiar. En el centro, Miss Orquídea, vestida de punto, con zapatillas rojas, sonreía. Salió el musculoso barrista, con sus negros, espesos y retorcidos bigotes. ¡Qué bien peinado! Saludó. Gran aclamación.

Después, todos los números del programa. Pasó Miss Blutner corriendo en su caballo; contó éste con la pata desde uno hasta diez; a una pregunta que le hizo su ama de si dos y dos eran cinco, contestó negativamente con la cabeza. Salió el payaso Confitito con su mono; pirueteó el mono, se golpeó varias veces el payaso; y por fin, el público exclamó al terminar el segundo entreacto:

—¡El Vuelo de los Cóndores!

Un estremecimiento corrió todos mis nervios. Dos hombres de casaca roja pusieron en la pista, uno frente a otro, dos estrados altos, altísimos. Dos trapecios, suspendidos del centro mismo de la carpa, oscilaban. Sonó la tercera campanada y apareció entre dos artistas Miss Orquídea, con su tranquila sonrisa. Llegó al centro, saludó graciosamente, se colgó de una cuerda y la subieron a uno

---

aparatos de bencina benzene lights
callejoncito narrow alley
charlar to chat
carpa tent
palco box
pista ring
en doble fila two by two
vestida de punto dressed in jersey

espesos y retorcidos bigotes thick, twisted mustache
¡Qué bien peinado! How well his hair was combed!
pata pie y pierna de los animales
golpearse darse golpes
estremecimiento shudder
se colgó de una cuerda she took hold of a rope

de los estrados. Se paró en él delicadamente, como un pajarito en un alero breve. La niña debía tomar un trapecio, que le acercaban con unas cuerdas, y colgada de él, atravesar el espacio hasta el otro trapecio, que la esperaba. Debía en la gran altura cambiar de trapecio y detenerse otra vez en el estrado opuesto.

Se soltó el trapecio opuesto, y la niña se lanzó en el suyo, mientras el bombo —detenida la música— producía un ruido siniestro y monótono. ¡Qué miedo! ¡Cuánto habría dado yo porque aquella niña no volara! Serenamente realizó la peligrosa hazaña. El público la contemplaba en silencio, hasta que se paró otra vez en el estrado y saludó, segura de su triunfo. Entonces la aclamó mucho, mucho. La niña bajó, y el público seguía aplaudiendo. Aplaudía más, más. El hombre que, en el muelle, la traía de la mano, habló algunas palabras con los otros. La hazaña iba a repetirse.

Nuevas aclamaciones. La niña subió. Otra vez el silencio se hizo en el circo, y Miss Orquídea se lanzó... ¿Qué le pasó a la pobre niña? Nadie lo sabía. Cogió mal el trapecio, vaciló un poco, dio un grito profundo, horrible, y cayó, como un pajarito herido en el vuelo, sobre la red del circo, que la salvó de la muerte. Rebotó en ella varias veces. La recogieron en medio del clamor de la multitud. Tosió, tosió, y vi mancharse de sangre su pañuelo.

---

alero eave
debía tomar was to take hold of
atravesar el espacio swing through the air
cambiar de trapecio change trapezes
altura height
opuesto, -a opposite
se lanzó en el suyo swung out on hers
¡Cuánto habría dado yo porque aquella niña no volara! What wouldn't I have given to keep that girl from flying!
hazaña feat
aclamar aplaudir
la traía de la mano led her by the hand
el silencio se hizo silence fell
herir to wound
la red net
rebotar to rebound
toser to cough
vi mancharse de sangre su pañuelo I saw that blood was staining her handkerchief

Papá nos hizo salir. Cruzamos las calles; tomamos el cochecito, y yo, mudo y triste, oyendo los comentarios, no sé qué cosas pensaba contra esa gente.

Pasaron algunos días. Yo recordaba siempre con tristeza a la pobre niña. ¿Dónde estaría? El circo seguía funcionando, pero ya no daban El Vuelo de los Cóndores.

El sábado siguiente, cuando yo había vuelto de la escuela y jugaba en el jardín con mi hermana, oímos música.

—¡El convite!

Salimos en carrera loca. ¿Vendría Miss Orquídea? ¡Con qué ansia vi acercarse el desfile! Pasaron el bombo, los músicos, los acróbatas, y después, después, el caballo de Miss Orquídea, solo, con una cinta negra en la cabeza... ¿Dónde estaba Miss Orquídea?... No quise ver más. Entré en mi cuarto y, sin saber por qué, lloré la ausencia de la pobrecita artista.

Algunos días más tarde, iba a la escuela por la playa, al pie de las casitas cuyas terrazas llegan hasta la orilla. Como no tenía prisa, me senté a descansar, contemplando el mar y el muelle, que estaba a la izquierda. Volví la cara al oír algunas palabras en la terraza que tenía a mi espalda, y vi a una niña muy pálida, muy delgada, sentada, mirando el mar. Era Miss Orquídea, en un gran sillón, envuelta en una manta verde. Me quedé mirándola largo rato. Ella levantó los ojos y me miró dulcemente.

Seguí a la escuela, y por la tarde volví a pasar por su casa. Allí estaba la enfermita, sola. La miré cariñosamente desde la orilla; esta vez ella sonrió. Volví al otro día, y al otro, y así durante ocho días. Éramos como amigos. Yo me acercaba a la terraza, pero no hablábamos.

Al noveno día me acerqué a la casa. Miss Orquídea no estaba. Entonces tuve una sospecha: había oído decir que el circo se iba pronto. Aquel día salía vapor. Eran las once. En el muelle vi

---

ansia anxiety
el **desfile** parade
manta blanket

al otro día, y al otro the next day and the next
salía vapor a boat was leaving

a algunos de los artistas con maletas y paquetes, pero la niña no estaba. Fui al fin del muelle y esperé en el embarcadero. Pronto llegaron los otros artistas en medio de un gran número de chiquillos que rodeaban al mono y al payaso. Y entre Miss Blutner y Mister Kendall, cogida de los brazos, caminando despacio, tosiendo, tosiendo, la bella criatura. Me metí entre la gente para verla bajar al bote desde el embarcadero. La niña buscó algo con los ojos, me vio, se sonrió muy dulcemente conmigo, y me dijo al pasar junto a mí:

—Adiós...

—Adiós...

Mis ojos la vieron bajar en brazos de Kendall al bote; la vieron alejarse del muelle; y ella me miraba triste con los ojos húmedos; sacó su pañuelo y lo agitó, mirándome; yo la saludaba con la mano, y así se fue esfumando, hasta que sólo se distinguía el pañuelo, como una ala rota, como una paloma herida, y por fin no se vio más que el bote pequeño que se perdía tras el vapor...

Volví a mi casa, y a las cinco, cuando salí de la escuela, sentado en la terraza de la casa vacía, en el mismo sitio que había ocupado la dulce amiga, vi perderse a lo lejos el vapor, que manchaba con su cabellera de humo el cielo sangriento del crepúsculo.

---

maleta suitcase
el paquete package
embarcadero landing
cogida de los brazos holding onto their arms
el bote small boat
yo la saludaba con la mano I kept waving to her
se fue esfumando she gradually faded from sight
que manchaba con su cabellera de humo el cielo sangriento del crepúsculo staining the blood-red evening sky with its trail of smoke

RESUMEN DEL ARGUMENTO

1. ¿Cuándo supo el chico que había llegado un circo? 2. ¿A qué artistas vio primero? 3. ¿Cómo era la niña que vio luego? 4. ¿Qué pasó cuando el chico llegó a casa? 5. ¿Qué le trajo su hermanita? 6. ¿Cuándo sacó el padre las entradas para el circo? 7. ¿Cómo eran las entradas? 8. ¿Quiénes iban en el convite? 9. ¿Cómo se llamaba el payaso? ¿Qué animalito tenía? 10. ¿Dónde se sentó la familia al llegar al circo? 11. ¿Con qué empezó el programa? 12. ¿Qué hizo el caballo de Miss Blutner? 13. ¿Qué hazaña realizó Miss Orquídea? ¿Por qué la repitió? 14. ¿Qué le pasó la segunda vez? 15. ¿Cómo sabía el chico que la niña se había hecho daño? 16. ¿Quién faltaba en el segundo convite? 17. ¿Por dónde iba el chico cuando vio a Miss Orquídea otra vez? 18. Desde entonces, ¿qué hacía él todos los días? 19. ¿Cuándo vio a la niña por última vez? 20. ¿Qué le dijo ella? ¿Qué hizo para despedirse?

FORMAS Y SINTAXIS

[a] Change the verb to the present.

No se detuvo.
No se detiene.

1. No supo el resultado.
2. No quiso aplaudir.
3. No hizo galletas.
4. No trajo nada.
5. No dijo palabra.
6. No puso telegrama.
7. No pudo pararse.
8. No estuvo en la playa.
9. No tuvo éxito.
10. No anduvo lejos.

[b] Reply to the statement, using the perfect tense and the appropriate pronoun object.

Debes ver el puerto.
Ya lo he visto.
1. Debes ver el muelle.
2. Debes ver la playa.
3. Debes ver los regalos.
4. Debes ver las joyas.
5. Debes ver el mono.
6. Debes ver a la chica.
7. Debes ver los trajes.
8. Debes ver al payaso.
9. Debes ver las tiendas.
10. Debes ver a la secretaria.

COMPRENSIÓN DE MODISMOS

1. Ya no tengo prisa. 2. El circo seguía funcionando. 3. A lo lejos se veía el mar. 4. Anoche soñé contigo. 5. Oigo decir que no hay entreacto. 6. El niñito no se atrevió a acercarse. 7. Los muchachos se sentaron a descansar. 8. Vamos en el desfile tú, ella y por último, yo. 9. ¿Te acuerdas de aquel viejo sillón? 10. Me detuve en la esquina. 11. Jamás se dio cuenta de lo que pasaba. 12. La película tiene unas escenas emocionantes. 13. En cambio, el argumento no es gran cosa. 14. Primero tengo que pedir billete. 15. Siento despedirme tan pronto.

ORACIONES MODELO

No se atrevían a decir palabra.
1. They didn't dare to take a seat.
2. They didn't dare to give a performance.
3. They didn't dare to ask for a ticket.

¿Qué le pasó a la pobre niña?
4. What happened to the poor monkey?
5. What happened to the poor clown?
6. What happened to the poor woman?

¡Si ya vamos a acostarnos!
7. Why we're just going to get up!
8. But we're just going to get dressed!
9. But we're just going to say good-by!

PALABRAS EN ACCIÓN

[a] Replace the diminutive with a synonymous expression.

Es una maletita.
Es una maleta pequeña.

1. Es un pajarito.
2. Es una cadenita.
3. Son niñitas.
4. Son chiquitos.
5. Es un saquito.
6. Es un pueblecito.
7. Es una llavecita.
8. Son cochecitos.
9. Son callecitas.
10. Es un hombrecito.

[b] Give a negative answer, using the verb that corresponds to the noun in the question.

¿Cómo era el sueño?
No soñé.

1. ¿Cómo era el almuerzo?
2. ¿Cómo era el vuelo?

3. ¿Cómo era la cena?
4. ¿Cómo era el paseo?
5. ¿Cómo era el desayuno?
6. ¿Cómo era el baile?
7. ¿Cómo era la comida?
8. ¿Cómo era el viaje?
9. ¿Cómo era la vuelta?
10. ¿Cómo era la bebida?

[c] Adivinanzas

Una cajita chiquita,
blanquita como la sal.
Todos la saben abrir,
pero nadie la sabe cerrar.

(el huevo)

Oro no es,
plata no es.
Quítale la ropa
y verás lo que es.

(el plátano)

DISCUSIÓN

¿Quién cuenta la historia? ¿Por qué es bueno que sea él? ¿Qué protagonista de otro cuento es también el narrador? ¿Es simpática la familia de Abraham? ¿Son iguales las relaciones de los niños con el padre y con la madre? ¿A quién se parece Abraham? ¿Por qué se siente atraído a Miss Orquídea? ¿De cuántas personas del cuento puede decirse que son "dulcemente tristes"? ¿Tiene trama "El Vuelo de los Cóndores"?

TEMAS

1. Abraham
2. Miss Orquídea
3. El circo
4. La vida de familia en el Perú y en nuestro país

Pedro Antonio de Alarcón

(1833-1891)

ALARCÓN NACIÓ en un pueblecito colocado entre los olivares y viñedos de Andalucía. El lugar estaba lleno de recuerdos del pasado: tenía una vieja catedral, una fortaleza mora y muchas piedras con inscripciones romanas. Ciertas cosas que el niño vio en su casa encendieron su imaginación aun más. Su abuelo había sido concejal, y la familia conservaba su espada, su capa y su sombrero de tres picos.

Alarcón era un joven rebelde. Por no querer estudiar para cura, fin para el cual la familia lo tenía destinado, huyó de la casa. Se hizo miembro de una asociación de jóvenes rebeldes como él mismo. Fue director de un periódico satírico y revolucionario que llamó *El látigo*. Tomó parte en un duelo en que no perdió

---

colocado, -a situated
el olivar sitio plantado de olivos
viñedo vineyard
Andalucía región del sur de España
fortaleza fortress
el concejal alderman
espada sword
capa cape
sombrero de tres picos three-cornered hat
látigo whip

la vida porque su adversario tuvo la generosidad de disparar su pistola al aire.

La guerra de África (1859-1860), que empezó cuando Alarcón tenía veintiséis años, fue un punto decisivo de su carrera. Halló en ella aventuras, gloria y riqueza. Vio tierras exóticas. Fue condecorado más de una vez por su valor. Desde el frente enviaba a España artículos que más tarde formaron un libro titulado *Diario de un testigo de la guerra de África*. Este libro le trajo la suma de noventa mil dólares, cantidad muy grande en aquellos tiempos. Se hizo figura de importancia. Entró en la política; fue elegido a la Real Academia Española. Tanto se acostumbró a vivir con éxito que ya no podía tolerar reveses de la fortuna. Por fin, enfadado por lo mal que se recibía una novela suya, dejó de escribir para siempre.

Alarcón, como Blasco Ibáñez, sobresale en la pintura de una España de intenso colorido. Está en su gloria en sus cuentos, largos y cortos. El mejor de todos es su novelita *El sombrero de tres picos* (1874), llena de picaresco encanto. También son excelentes sus *Historietas nacionales*. Una de éstas, "El libro talonario", nos presenta al inolvidable tío Buscabeatas.

---

disparar to fire
testigo persona que está presente cuando sucede algo
por lo mal que se recibía by the poor reception given
de intenso colorido highly colored
Está en su gloria He is at his best
historieta narración breve
libro talonario stubbook
inolvidable que no puede olvidarse
al tío Buscabeatas old Buscabeatas (Chaser of Devout Ladies)

EL LIBRO TALONARIO

LA ACCIÓN COMIENZA EN ROTA. Rota es una de aquellas lindas poblaciones que forman el gran semicírculo de la bahía de Cádiz. El gran duque de Osuna la prefirió y se fue a vivir en ella, construyendo allí un famoso castillo que yo podría describir, piedra por piedra... Pero no se trata aquí de castillos ni de duques, sino de los campos que rodean a Rota y de un humildísimo hortelano, a quien llamaremos el tío Buscabeatas, aunque no era éste su verdadero nombre.

De los fértiles campos de Rota, particularmente de las huertas, salen las frutas y legumbres que llenan los mercados de Huelva y de Sevilla. La calidad de sus tomates y calabazas es tal que en Andalucía siempre llaman a los roteños calabaceros y tomateros, nombres que ellos aceptan con orgullo.

Y, en verdad, razón tienen para sentir orgullo. Es el caso que aquella tierra de Rota que tanto produce, aquella tierra que da tres o cuatro cosechas al año, no es tierra, sino arena pura y limpia, salida del océano, soplada por los furiosos vientos del Oeste y esparcida así sobre toda la región roteña.

Pero la ingratitud de la naturaleza está allí más que compensada por la constante laboriosidad del hombre. Yo no conozco, ni creo que haya en el mundo, labrador que trabaje tanto como el roteño. Ni siquiera un pequeño arroyo corre por aquellos melancólicos campos. ¿Qué importa? El calabacero ha hecho muchos pozos, de donde saca el precioso líquido que sirve de sangre a sus legumbres. El tomatero pasa la mitad de su vida buscando substancias que puedan servir de abono. Cuando tiene ambos elementos, el agua y el abono, el hortelano de Rota empieza a

---

bahía bay
Cádiz ciudad del suroeste de España
hortelano truck farmer
Huelva ciudad del suroeste de España
calabaza squash
roteño, -a de Rota
arena sand

pura y limpia pure and simple
esparcir to scatter
ni creo que haya en el mundo nor do I believe there exists
labrador persona que cultiva la tierra
arroyo stream
abono substancia con que se fertiliza la tierra

fertilizar pequeñísimos trozos de terreno, y en cada uno de ellos siembra un grano de tomate o una pepita de calabaza, que riega luego a mano, como quien da de beber a un niño.

Desde entonces hasta la cosecha cuida diariamente una por una las plantas que allí nacen, tratándolas con un cariño sólo comparable al de los padres por los hijos. Un día le añade a tal planta un poco de abono; otro le echa un jarro de agua; hoy mata los insectos que se comen las hojas; mañana cubre con cañas y hojas secas las que no pueden resistir los rayos del sol o las que están demasiado expuestas a los vientos del mar. Un día cuenta los tallos, las flores y hasta las frutas de las más precoces; otro día les habla, las acaricia, las besa, las bendice y hasta les pone expresivos nombres para distinguirlas e individualizarlas en su imaginación.

Sin exagerar, es ya un proverbio (y lo he oído repetir muchas veces en Rota) que el hortelano de aquel país toca por lo menos cuarenta veces al día con su propia mano cada planta de tomates que nace en su huerta. Y así se explica que los hortelanos de aquella localidad lleguen a quedarse encorvados hasta tal punto que sus rodillas casi les tocan la barba.

Pues bien, el tío Buscabeatas era uno de estos hortelanos. Principiaba a encorvarse en la época del suceso que voy a referir. Tenía ya sesenta años, y había pasado cuarenta labrando una huerta próxima a la playa.

Aquel año había criado allí unas enormes calabazas que ya empezaban a ponerse amarillas, lo cual quería decir que era el mes de junio. Las conocía perfectamente el tío Buscabeatas por la forma, por su color, y hasta por el nombre, sobre todo las

---

trozo de terreno plot of ground
un grano de tomate o una pepita de calabaza a tomato or squash seed
jarro pitcher
tallo stem
precoz premature

acariciar to caress
bendecir to bless
lleguen a quedarse encorvados hasta tal punto get so bent over
principiar empezar
suceso cosa que sucede
labrar cultivar la tierra

cuarenta más gordas y amarillas, que ya estaban diciendo "guisadme".

—¡Pronto tendremos que separarnos! —les decía con ternura mientras las miraba melancólicamente.

Al fin, una tarde se resolvió al sacrificio y pronunció la terrible sentencia.

—Mañana —dijo— cortaré estas cuarenta y las llevaré al mercado de Cádiz. ¡Feliz quien se las coma!

Se marchó luego a su casa con paso lento y pasó la noche con las angustias de un padre que va a casar a su hija al día siguiente.

—¡Pobres calabazas mías! —suspiraba a veces, sin poder dormirse. Pero luego reflexionaba, y concluía por decir: —Y ¿qué he de hacer sino venderlas? ¡Para eso las he criado! ¡Valdrán lo menos quince duros!

Figúrense, pues, cuál sería su asombro, cuánta su furia, y cuál su desesperación cuando, al ir a la mañana siguiente a la huerta, halló que durante la noche le habían robado las cuarenta calabazas. Se puso a calcular fríamente, y comprendió que sus calabazas no podían estar en Rota, donde sería imposible venderlas sin peligro de que él las reconociera.

—¡Como si lo viera, están en Cádiz! —se dijo de repente—. El ladrón que me las robó anoche, a las nueve o a las diez, se ha escapado en el barco de la carga... ¡Yo saldré para Cádiz hoy por la mañana en el barco de la hora, y allí cogeré al ladrón y recobraré a las hijas de mi trabajo!

Permaneció todavía unos veinte minutos en el lugar de la catástrofe, contando las calabazas que faltaban, hasta que, a eso de las ocho, partió con dirección al muelle.

---

guisadme cook me
con paso lento slowly
reflexionar considerar una cosa
asombro astonishment

Como si lo viera It's as plain as day
faltar to be missing
a eso de about

Ya estaba dispuesto para salir el barco de la hora, pequeña embarcación que conduce pasajeros a Cádiz todas las mañanas a las nueve, así como el barco de la carga sale todas las noches a las doce, llevando frutas y legumbres. El primero se llama "barco de la hora" porque en una hora, y a veces en menos tiempo, cruza las tres leguas que hay entre Rota y Cádiz.

Eran, pues, las diez y media de la mañana cuando aquel día se paraba el tío Buscabeatas delante de un puesto de verduras del mercado de Cádiz, y le decía a un policía que iba con él:

—¡Éstas son mis calabazas! ¡Coja usted a ese hombre! —Y señalaba al vendedor.

—¡Cogerme a mí! —contestó éste, lleno de sorpresa—. Estas calabazas son mías: yo las he comprado.

—Eso podrá usted decírselo al juez —contestó el tío Buscabeatas.

—¡Que no!

—¡Que sí!

—¡Tío ladrón!

—¡Tío tunante!

—¡Hablen ustedes con más educación! ¡Los hombres no deben insultarse de esa manera! —dijo con mucha calma el policía, dando un puñetazo en el pecho a cada uno.

En esto ya se habían acercado algunas personas, y entre ellas estaba el jefe bajo cuya autoridad están los mercados públicos. Informado el jefe de todo lo que pasaba, preguntó al vendedor con majestuoso acento:

—¿A quién le ha comprado usted esas calabazas?

---

dispuesto, -a listo
embarcación craft
conducir transportar
legua league
pararse detenerse
puesto de verduras vegetable stand
vendedor persona que vende

el **tunante** crook
educación politeness
puñetazo punch
en esto by this time
el **jefe** head
con majestuoso acento in stentorian tones

—Al tío Fulano, vecino de Rota —respondió el vendedor.

—¡Ése había de ser! —gritó el tío Buscabeatas—. ¡Cuando su huerta, que es muy mala, le produce poco, roba en la del vecino!

—Pero, suponiendo que a usted le hayan robado anoche cuarenta calabazas —dijo el jefe, dirigiéndose al hortelano—, ¿cómo sabe usted que éstas, y no otras, son las suyas?

—¡Vamos! —replicó el tío Buscabeatas—. ¡Porque las conozco como conocerá usted a sus hijas, si las tiene! ¿No ve usted que las he criado? Mire usted: ésta se llama Rebolanda; ésta, Cachigordeta; ésta, Barrigona; ésta, Coloradilla; ésta, Manuela, porque se parece mucho a mi hija menor...

Y el pobre viejo se echó a llorar como un niño.

—Todo eso está muy bien —dijo el jefe—, pero la ley no se contenta con que usted reconozca sus calabazas. Es necesario que usted las identifique con pruebas indisputables... Señores, no hay que sonreírse... ¡Yo soy abogado!

—Pues verá usted qué pronto pruebo yo a todo el mundo, sin moverme de aquí, que esas calabazas se han criado en mi huerta —dijo el tío Buscabeatas.

Y echando al suelo un saco que llevaba en la mano, se arrodilló y empezó a desatarlo tranquilamente. La curiosidad de los que le rodeaban era grande.

—¿Qué va a sacar de ahí? —se preguntaban todos.

Al mismo tiempo llegó otra persona a ver lo que pasaba en aquel grupo, y al verla el vendedor exclamó:

Al tío Fulano From old So and So
vecino de Rota from Rota
¡Ése había de ser! He *would* be the one!
hayan robado they have stolen
¡Vamos! Well!
replicar responder
Rebolanda "Fatty"
Cachigordeta "Cheeky"
Barrigona "Paunchy"
Coloradilla "Ruddy"
no se contenta con que usted reconozca is not satisfied with having you recognize
identificar to identify
arrodillarse to kneel

—¡Me alegro de que llegue usted, tío Fulano! Este hombre dice que las calabazas que me vendió usted anoche son robadas. Conteste usted...

El recién llegado se puso más amarillo que la cera, y trató de irse, pero los demás se lo impidieron, y el mismo jefe le mandó quedarse.

En cuanto al tío Buscabeatas, ya se había encarado con el supuesto ladrón, diciéndole:

—¡Ahora verá usted lo que es bueno!

El tío Fulano, recobrando su sangre fría, le replicó:

—Usted es quien ha de ver lo que habla; porque, si no prueba su acusación, como no podrá hacerlo, irá a la cárcel. Estas calabazas eran mías; yo las he criado, como todas las que he traído este año a Cádiz, en mi huerta, y nadie podrá probarme lo contrario.

—¡Ahora verá usted! —repitió el tío Buscabeatas, acabando de desatar el saco.

Rodaron entonces por el suelo una multitud de tallos verdes, mientras que el viejo hortelano, sentado sobre sus pies, hablaba así al pueblo reunido:

—Caballeros: ¿no han pagado ustedes nunca contribución? ¿Y no han visto aquel libro verde que tiene el recaudador, de donde va sacando recibos, dejando siempre pegado en el libro un pedazo para poder luego probar si tal recibo es falso o no lo es?

—Lo que usted dice se llama el libro talonario —dijo gravemente el jefe.

—Pues eso es lo que yo traigo aquí: el libro talonario de mi huerta, o sea los tallos a que estaban unidas estas calabazas

---

El recién llegado The newcomer
cera wax
se lo impidieron stopped him
encararse ponerse uno cara a cara y cerca de otro
la sangre fría composure

sentado sobre sus pies squatting
contribución tax
recaudador tax-collector
recibo receipt
o sea that is

antes de que me las robara ese ladrón. Y, si no, miren ustedes. Este tallo es de esta calabaza. Nadie puede dudarlo. Este otro... ya lo están ustedes viendo... es de esta otra... Este más ancho es de aquélla... ¡Justamente! Y éste de ésta... Ése de ésa...

Y mientras que hablaba, iba pegando el tallo a las calabazas, una por una. Los espectadores veían con asombro que, efectivamente, los tallos correspondían exactamente a aquellas calabazas, y entusiasmados por tan extraña prueba, todos se pusieron a ayudar al tío Buscabeatas, exclamando:

—¡Nada! ¡Nada! ¡No hay duda! ¡Miren ustedes! Éste es de aquí... Ése es de ahí... Aquélla es de éste... Ésta es de aquél...

Las carcajadas de los hombres se unían a los silbidos de los chicos, a los insultos de las mujeres, a las lágrimas de triunfo y de alegría del viejo hortelano y a los empujones que los policías daban al convicto ladrón.

Excusado es decir que, además de ir a la cárcel, el ladrón tuvo que devolver los quince duros que había recibido al vendedor, y que éste se los entregó al tío Buscabeatas, el cual se marchó a Rota contentísimo, diciendo por el camino:

"¡Qué hermosas estaban en el mercado! He debido traerme a Manuela, para comérmela esta noche y guardar las pepitas."

Y, si no And, if you don't believe it
Justamente Exactamente
efectivamente en efecto
entusiasmado, -a delighted
¡Nada! That's right!
carcajada guffaw
silbido hiss
el **empujón** shove
Excusado es decir Needless to say

RESUMEN DEL ARGUMENTO

1. ¿Dónde está Rota? 2. ¿Qué producen los campos que rodean el pueblo? 3. ¿Qué llaman a los roteños en Andalucía? 4. ¿Cómo es la tierra de Rota? 5. ¿Qué tiene que añadir el hortelano para hacerla productiva? 6. Según el proverbio, ¿cuántas veces toca el hortelano cada planta de tomates criada en su huerta? 7. ¿Cuántos años tenía el tío Buscabeatas? 8. ¿Qué calabazas pensaba llevar al mercado? 9. ¿Qué vio cuando fue a su huerta a cortarlas? 10. ¿Dónde tenían que estar? 11. ¿Cuánto tiempo permaneció el viejo en su huerta? 12. ¿Qué estaba haciendo allí? 13. ¿Qué barco tomó para Cádiz? 14. ¿Dónde halló las calabazas? 15. ¿Qué tenía que probar? 16. ¿Cómo se llama un libro de que se cortan recibos? 17. ¿Qué tenía el tío Buscabeatas en el saco que llevaba? 18. ¿Qué iba pegando a cada una de las calabazas? 19. ¿Quiénes lo ayudaban? 20. ¿Qué le pasó al ladrón?

FORMAS Y SINTAXIS

[a] Reply to each statement, using two forms of the future tense, as in the models.

Hay que llamar.
Yo llamaré.
Tú y yo llamaremos.

1. Hay que regar.
2. Hay que saludar.
3. Hay que comer.
4. Hay que responder.
5. Hay que aplaudir.
6. Hay que seguir.

Hay que velar.
Usted velará.
Ustedes velarán.

7. Hay que entrar.
8. Hay que limpiar.
9. Hay que volver.
10. Hay que ver.
11. Hay que subir.
12. Hay que escribir.

[b] Replace the noun with the appropriate object pronoun, in two positions.

Quiero coger las flores.
Las quiero coger.
Quiero cogerlas.

1. Quiero mirar al mono.
2. Quiero ver el desfile.
3. Quiero oír el programa.
4. Puedes abrir la caja.
5. Puedes regar la planta.
6. Puedes echar la carta.
7. Debemos explicar las leyes.
8. Debemos guardar los papeles.
9. Debemos aprender los verbos.
10. Debemos guisar las legumbres.

COMPRENSIÓN DE MODISMOS

1. Me alegro de que llegue usted.   2. ¿Qué he de hacer sino venderlas?   3. A eso de las diez bajaré al muelle.   4. El pobrecito se echó a llorar.   5. A veces cubría las plantas de hojas secas.   6. Los tomates empezaban a ponerse rojos.

7. Eso podrá usted decírselo al juez. 8. El pueblecito está rodeado de arena. 9. El vendedor compró las legumbres a un ladrón. 10. Me dicen que usted es abogado. 11. No tiene ni siquiera un pedazo de pan. 12. Por lo menos tienen su propia casa. 13. Cuidaremos de la casa y del terreno. 14. Regaré el jardín con mi propia mano. 15. Me ha servido de guía más de una vez.

ORACIONES MODELO

Las llevaré al mercado.
1. I will buy them in the market.
2. I will sell them in the market.
3. I will ask for them in the market.

Lo he oído repetir muchas veces.
4. I have often heard it said.
5. I have often heard it sung.
6. I have often heard it explained.

Todos se pusieron a ayudar al viejo.
7. They all began to look for the old fellow.
8. They all began to call the old fellow.
9. They all began to care for the old fellow.

PALABRAS EN ACCIÓN

[a] Give a sensible answer.

¿Son rojos los tomates?
Sí, son rojos.

1. ¿Son feos los monos?
2. ¿Son negras las hojas?
3. ¿Son rosados los plátanos?

4. ¿Son amarillas las llamas?
5. ¿Son redondas las balas?
6. ¿Son azules las calabazas?
7. ¿Son ágiles los barristas?
8. ¿Son graciosos los payasos?

[b] Begin the sentence with **Es** or **Son** and place the possessive before the noun.

El terreno es mío.
Es mi terreno.

1. El cochecito es mío.
2. La maleta es mía.
3. El relojito es tuyo.
4. La manta es suya.
5. El dinero es nuestro.
6. La huerta es suya.
7. Los regalos son míos.
8. Los campos son suyos.
9. Las llaves son tuyas.
10. Las frutas son suyas.
11. Las joyas son nuestras.
12. Los papeles son suyos.

[c] Refranes

Canta la rana, y no da leche ni lana.
Sardina que lleva el gato, tarde o nunca viene al plato.
Tío rico siempre tiene muchos sobrinos.
Lo mío, mío; y lo tuyo, tuyo y mío.
En julio mi trigo, y en agosto el de mi amigo.
Poca gente, pero valiente.

[d] Copla

A conejo te convido:
mañana voy a cazar.
Si le tiro y no le mato,
te tengo que desconvidar.

DISCUSIÓN

¿Qué importancia tiene la descripción del fondo de este cuento? ¿Es demasiado larga? ¿Hay detalles que no son necesarios para explicar el desenlace? ¿Se retrata bien al viejo hortelano? ¿Qué cosas lo hacen interesante? ¿Tiene humor el cuento? ¿Dónde? ¿Cuál es la escena más dramática? ¿Es más o menos dramática que la de "Golpe doble"? ¿Cuál de los dos cuentos haría mejor película? ¿Por qué son buenos los títulos de "Golpe doble" y "El libro talonario"? ¿Son mejores que "El cautivo" y "Una carta a Dios"? ¿Por qué? ¿Tiene trama "El libro talonario"? ¿En qué consiste?

TEMAS

1. El tío Buscabeatas
2. Los personajes menores
3. El fondo del cuento
4. La relación entre el fondo, la acción y el carácter del protagonista

Pío Baroja
(1872-1956)

PÍO BAROJA es el más grande de los novelistas españoles de nuestro siglo. Nació en la ciudad vasca de San Sebastián. A esto se debe probablemente su carácter independiente, tan típico de los naturales de aquella región. Estudió para médico y durante dos años ejerció la carrera en un pequeño pueblo de la costa. Como los pacientes tardaron mucho en llegar, él empezó a escribir cuentos en el libro que había comprado para entrar la cuenta de cada uno de ellos. Tituló su primer libro, compuesto de estos cuentos, *Vidas sombrías;* de él se vendieron entonces sólo cincuenta ejemplares. Desilusionado con la medicina como profesión, Baroja fue a Madrid y pasó ocho años manejando una

---

vasco, -a Basque (The Basques, who inhabit the western part of the French and Spanish Pyrenees, are of unknown origin, and their language is not known to be related to any other.)
ejerció la carrera he practiced the profession
el **ejemplar** copy
manejar to manage

panadería de los barrios bajos. Este negocio por fin fracasó, y en adelante se dedicó por completo a escribir.

Baroja era un acabado pesimista. El tema de su tesis doctoral es "el dolor", y esta idea nunca deja de dominar su obra. Él creía que la novela debería ser un retrato verdadero de la vida y no un poco de opio mezclado con tal o cual suceso que terminara felizmente. En sus novelas no crea héroes de talle exagerado. A menudo los protagonistas no interesan tanto como los personajes de menos importancia que aparecen momentáneamente y nunca vuelven. Porque prefirió hacer sus novelas trasunto de la vida, muchas no tienen argumento formal; carecen de principio y fin; no llegan a ninguna conclusión.

El encanto de la obra de Baroja está en la agudeza de su observación, en su gran habilidad pictórica, en su completa sinceridad, y en cierta acidez que deleita a los que la entienden. Sobresale en la pintura de paisajes. *Camino de perfección* (1902), que muchos consideran su obra maestra, se distingue en particular por esto.

Baroja ha escrito numerosas trilogías, es decir, series de tres novelas sobre un mismo tema. Una de las mejor conocidas es *La lucha por la vida,* pintura detallada y de gran fuerza del bajo mundo madrileño. Porque sus caracteres están siempre en movimiento, entrando en aventuras contadas con irónico humor, la obra de Baroja es de veras una moderna continuación de la novela picaresca.

---

panadería sitio donde se hace o vende el pan
barrios bajos lower-class district
fracasar to fail
tal o cual this or that
talle exagerado exaggerated stature
trasunto faithful image
carecer de to lack

agudeza sharpness
la **acidez** acidity
bajo mundo lower class
madrileño, -a of Madrid
de veras really
novela picaresca the great series of Spanish picaresque novels which have a rogue or adventurer for hero

ELIZABIDE
EL VAGABUNDO

MUCHAS VECES, MIENTRAS TRABAJABA en aquel abandonado jardín, Elizabide el Vagabundo se decía al ver pasar a Maintoni, que volvía de la iglesia:
"¿Qué pensará? ¿Vivirá satisfecha?"

¡La vida de Maintoni le parecía tan extraña! Porque era natural que él, que había estado siempre corriendo por el mundo, encontrara la calma y el silencio de la aldea deliciosos. Ella, sin embargo, que no había salido nunca de aquel rincón, ¿no sentiría deseos de asistir a teatros, a fiestas, a diversiones, de vivir otra vida más espléndida, más intensa? Y como Elizabide el Vagabundo no se daba respuesta a su pregunta, seguía moviendo la tierra con su azadón filosóficamente.

"Es una mujer fuerte", pensaba después; "su alma es tan serena, tan clara, tan sincera que me interesa. Un interés científico, sólo científico, eso es claro."

Y Elizabide seguía trabajando en el jardín abandonado de su casa.

Era un tipo curioso Elizabide el Vagabundo. Reunía todas las cualidades y todos los defectos del vascongado de la costa: era audaz, irónico, perezoso, burlón. La ligereza y el olvido constituían la base de su temperamento. No daba importancia a nada, se olvidaba de todo. Había gastado casi entero su capital en sus viajes por América. Hoy era periodista en un pueblo, mañana comerciante en otro. Aquí vendía ganado, allá vinos. Estuvo muchas veces a punto de hacer fortuna, lo que no consiguió por indiferencia. Era de esos hombres que se dejan llevar por los acontecimientos, sin protestar nunca. Su vida, él la comparaba con la marcha de uno de esos troncos que van por el río que, si nadie los recoge, se pierden al fin en el mar.

---

aldea village
aquel rincón that little corner
asistir a to go to
el azadón mattock
vascongado vasco

perezoso, -a lazy
burlón, -a mocking
ligereza caprice
ganado cattle
marcha course

Su inercia y su pereza eran más de pensamiento que físicas; su alma huía de él muchas veces. Le bastaba mirar el agua corriente, contemplar una nube o una estrella, para olvidar el proyecto más serio de su vida, y cuando no lo olvidaba por esto, lo olvidaba por cualquier otra cosa.

Últimamente se había encontrado en una estancia del Uruguay, y como Elizabide era agradable en su trato y en su aspecto, a pesar de tener ya sus treinta y ocho años, el dueño de la estancia acabó por ofrecerle la mano de su hija. Elizabide, a quien no le parecía mal la vida salvaje de la estancia, aceptó, y ya estaba para casarse, cuando sintió la nostalgia de su pueblo, del olor a heno de sus montes, del paisaje brumoso de la tierra vascongada. Como su temperamento no permitía las explicaciones, una mañana les dijo a los padres de la muchacha que salía para Montevideo a comprar un regalo de boda. Montó a caballo, llegó a la capital, se embarcó en un transatlántico, y después de saludar por última vez la tierra del continente americano, se volvió a España.

Treinta días después llegaba a su pueblo, un pueblecillo de la provincia de Guipúzcoa. Abrazó a su hermano Ignacio, que era allí el único boticario. Fue a ver en seguida a la anciana que le había criado, a quien prometió no volver a salir, y por fin se estableció en su casa. Cuando corrió por el pueblo la noticia que Elizabide no sólo no había hecho dinero en América, sino que lo había perdido, todo el mundo recordó que antes de salir de la aldea ya tenía fama de vagabundo.

Él no se preocupaba absolutamente nada por estas cosas; se pasaba las horas en su huerta, y a veces mataba el tiempo

---

pereza laziness
su alma huía de él he lost himself
Últimamente Por último
estancia ranch
trato manners
vida salvaje wild, free life

olor a heno scent of hay
brumoso, -a misty
Montevideo capital del Uruguay
regalo de boda wedding present
embarcarse entrar en un barco con el fin de viajar
boticario druggist

construyendo una gran canoa para andar por el río.

La casa de su hermano estaba a la entrada del pueblo, completamente aislada. La parte que daba al camino tenía un jardín rodeado de una tapia. Por encima de ella salían verdes ramas de laurel, que protegían la fachada del viento del norte, y bajaba un torrente de rosas blancas y amarillas. La casa no tenía balcones, sino sólo ventanas, y éstas abiertas en la pared sin simetría alguna.

Al pasar en el tren o en el coche por las provincias del Norte, ¿no habéis visto casas solitarias que, sin saber por qué, os han dado envidia? Parece que allá dentro se debe vivir bien, se adivina una existencia dulce y apacible. Sospechamos que aquellas ventanas con sus cortinas esconden interiores monásticos, grandes habitaciones donde pasan lentas las horas, medidas por el tic-tac del viejo reloj. Tal era la casa del boticario.

Elizabide vio por primera vez a Maintoni en el jardín, un día que él vino a visitar a su hermano. Él y ella se saludaron fríamente.

—Vamos hacia el río —dijo poco después la mujer del boticario—. Allí tomaremos el chocolate.

Maintoni entró en la casa, y los otros tres bajaron por entre los árboles en flor a una plazoleta que estaba junto al río. Allí había una mesa rústica y un banco de piedra. El sol, al penetrar entre las hojas, iluminaba el fondo del río, y se veían las piedras redondas del cauce y los peces que pasaban lentamente brillando como si fueran de plata. El tiempo era de una tranquilidad admirable; el cielo azul, puro y sereno.

Poco después llegaba Maintoni con sus dos sobrinitos y una criada que venía a servir el chocolate. Elizabide habló de sus

---

canoa canoe
aislado solo
daba al camino faced the road
tapia adobe wall
por encima de over
rama branch
fachada front

dar envidia to make envious
se adivina one guesses at
apacible tranquilo
medir to measure
plazoleta clearing
el cauce riverbed
el pez fish

viajes, contó algunas aventuras y tuvo suspensos de sus labios a todos. Sólo ella, Maintoni, pareció no interesarse por aquellas narraciones.

—Mañana volverás, tío, ¿verdad? —le decían sus dos sobrinitos.

—Sí, vendré.

Elizabide se despidió y se marchó a su casa pensando siempre en Maintoni. La veía en su imaginación tal cual era: pequeña, esbelta, con sus ojos negros, brillantes, rodeada de sus sobrinos, que le abrazaban y la besaban.

Como el mayor de los chicos del boticario amaba el estudio, Elizabide se dedicó a darle lecciones de francés, y a estas lecciones asistió Maintoni.

¿Por qué se sentía él tan atraído por aquella cuñada de su hermano... tan serena, tan inmutable? Aun no comprendía, sin embargo, si su alma era un alma de niña sin deseos ni aspiraciones, o si era una mujer indiferente a todo lo que no se relacionara con las personas que vivían en su hogar. Él la solía mirar absorto. "¿Qué pensará?" se preguntaba. Una vez hasta se atrevió a preguntarle:

—¿Y usted no piensa casarse, Maintoni?

—¡Yo! ¿Casarme?

—¿Por qué no?

—¿Quién va a cuidar de estos niños si me caso? Además, yo ya tengo veintisiete años —contestó ella riéndose.

—¿Y yo que tengo treinta y ocho? —añadió Elizabide.

Maintoni a esto no dijo nada; no hizo más que sonreír.

En la orilla del río había una fuente cuya agua parecía de cristal. "Así es el alma de Maintoni", se decía Elizabide y, sin

---

tuvo suspensos de sus labios a todos had them all hanging on his words
esbelto, -a slender
cuñada sister-in-law
inmutable impassive, calm
Él la solía mirar He would look at her
absorto, -a entranced

embargo..., a pesar de su transparencia no la comprendía, y pensaba más y más en ella.

Llegó el verano. En el jardín de la casa del boticario se reunía la familia todas las noches. Elizabide no faltaba nunca. Al anochecer, cuando el cielo se llenaba de estrellas y la luz pálida de Júpiter brillaba más que la de las otras, las conversaciones se hacían más íntimas. Hasta Maintoni se mostraba más expansiva.

A las nueve, cuando se oía pasar la diligencia, Elizabide se marchaba a su casa haciendo proyectos para el día siguiente.

"¿No es extraño", se preguntaba en el camino, "que yo, después de haber viajado tanto, haya vuelto a este pueblecillo a enamorarme de una señorita de aldea?"

Fue pasando el verano, llegó la época de las fiestas, y el boticario y su familia se prepararon para ir a la romería de Arnazabal, como todos los años.

—Tú también vendrás con nosotros —le dijo el boticario a su hermano.

—Yo no —respondió Elizabide.

—¿Por qué no?

—No tengo ganas.

—Bueno, bueno; pero te advierto que vas a quedarte solo, porque hasta las muchachas vendrán con nosotros.

—¿Y usted también? —preguntó Elizabide a Maintoni.

—Sí. ¡Ya lo creo! A mí me gustan mucho las romerías.

—No es por eso —replicó el boticario—. Va a ver al médico de Arnazabal. Es un muchacho joven que conoció el año pasado.

Elizabide palideció, pero no dijo nada.

El día antes de la romería el boticario volvió a preguntarle a su hermano:

---

diligencia stagecoach
romería de Arnazabal Arnazabal fiesta (A **romería** is a celebration on a saint's day, usually near his shrine.)

No tengo ganas I don't feel like it
hasta las muchachas even the maids
¡Ya lo creo! I should say so!
palidecer ponerse pálido

—¿Vienes o no?

—Bueno, iré —contestó Elizabide.

La mañana siguiente se levantaron temprano y salieron del pueblo. Tomaron la carretera, y después de atravesar un inmenso campo de yerba verde, se perdieron en el monte. La mañana era fresca; en el cielo azul se veían algunas nubecillas blancas. A las diez de la mañana llegaron a Arnazabal, un pueblo situado en una altura, con su iglesia, su gran plaza en que se jugaba a la pelota, y tres o cuatro calles formadas por casas de piedra.

Entraron por fin en una casa que era de la mujer del boticario, y pasaron a la cocina. Allí vieron a una anciana que animaba el fuego. Al verlos ella abandonó su labor y se acercó a saludarlos a todos, besando a Maintoni, a su hermana y a los chicos.

—¿Y usted es el que estaba en América? —preguntó la anciana a Elizabide.

—Sí; yo era el que estaba allá.

Poco después todos salieron para ir a la iglesia y la anciana se quedó sola preparando la comida.

A eso de las dos volvió la familia con varios invitados, y se sentaron a comer. Había doce personas a la mesa, entre ellas el médico del pueblo, que se sentó cerca de Maintoni, y tuvo para ella y para su hermana un sinfín de atenciones.

Elizabide sintió una tristeza tan grande en aquel momento que pensó en dejar la aldea y volverse a América. Durante la comida Maintoni le miraba mucho. "Es para burlarse de mí", pensaba Elizabide. "Ha sospechado que la quiero y por eso se sonríe con el otro." Al terminar la comida eran más de las cuatro. Había comenzado la música para el baile. El médico seguía al lado de Maintoni, y ella seguía mirando a Elizabide.

---

carretera highway
yerba grass
pelota jai alai
animar to stir up

tuvo para ella... un sinfín de atenciones was extremely attentive to her

Al anochecer, cuando la fiesta estaba en su esplendor, comenzó el aurrescu. Los muchachos, cogidos de la mano, daban vueltas a la plaza, precedidos por los tamborileros. De repente, dos de ellos, con las boinas en la mano, invitaron a Maintoni a ser la reina del baile. Ella trató de disuadirlos; miró a su cuñado, que sonreía; a su hermana, que también sonreía; y a Elizabide, que estaba fúnebre.

—Anda, no seas tonta —le dijo su hermana.

Y comenzó el baile con todas sus ceremonias y sus saludos, recuerdos de una edad primitiva y heroica. Concluido el aurrescu, el boticario empezó a bailar el fandango con su mujer, y el joven médico con Maintoni.

Cayó la noche: empezaron a apagarse las hogueras que los muchachos habían hecho en la plaza, y la gente comenzó a retirarse. La familia del boticario y Elizabide emprendieron el camino hacia su casa. Hacía luna. A lo lejos, entre los montes, se oían los irrintzis de los otros que volvían de la romería, gritos como relinchos salvajes. En las espesuras brillaban las luciérnagas como estrellas azuladas, y los sapos lanzaban su nota de cristal en el silencio de la noche serena.

De vez en cuando, al bajar alguna cuesta, el boticario se empeñaba en que todos la bajaran cogidos de la mano. A pesar de que Elizabide trataba de alejarse de Maintoni porque estaba celoso, ella, sin saber cómo, se encontraba siempre junto a él. Al formar la cadena para bajar la cuesta, ella tuvo que darle la

---

en su esplendor at its height
el aurrescu baile vasco para ocho personas
cogidos de la mano hand in hand
daban vueltas a la plaza were circling the plaza
tamborilero drummer
boina beret
fúnebre gloomy
apagarse to go out
hoguera bonfire
emprendieron el camino started off

el irrintzi Basque call
relincho neigh
espesura thicket
luciérnaga firefly
azulado, -a bluish
sapo toad
cuesta slope
se empeñaba en que todos la bajaran insisted that they should all descend

mano. Cuando menos lo esperaban se le ocurría al boticario, que iba a la cabeza, pararse de repente y todos, perdiendo el equilibrio, caían o se daban los unos contra los otros. De ese modo Elizabide recibió a Maintoni en sus brazos más de una vez. Ella reñía a su cuñado y miraba a Elizabide, que estaba siempre fúnebre.

—Y usted, ¿por qué está tan triste? —le preguntó por fin con voz maliciosa, y sus ojos negros brillaron en la noche.

—¡Yo! No sé. Es la maldad del hombre a quien le entristece la alegría de los demás.

—Pero usted no es malo —dijo Maintoni, y le miró tan profundamente con sus ojos negros que Elizabide perdió la serenidad, y creyó que hasta las estrellas notaban su turbación.

—No, no soy malo —murmuró Elizabide—, pero soy un hombre inútil, como dice todo el pueblo.

—¿Y eso le preocupa a usted, lo que dice la gente que no le conoce?

—Sí, temo que sea la verdad, y para un hombre que tendrá que marcharse otra vez a América, ése es un temor grave.

—¡Marcharse! ¿Se va usted otra vez? —murmuró Maintoni con voz triste.

—Sí.

—Pero, ¿por qué?

—¡Oh! A usted no se lo puedo decir.

—¿Y si lo adivinara?

—Entonces lo sentiría mucho, porque se burlaría usted de mí, que soy viejo.

—¡Oh no!

—Que soy pobre.

—No importa.

---

iba a la cabeza went first
se daban los unos contra los otros bumped into each other
reñir to scold

maldad wickedness
entristecer poner triste
turbación confusion

—¡Oh, Maintoni! ¿De veras? ¿No me rechazaría usted?
—No, al contrario.
—Entonces... ¿me querrás como yo te quiero? —murmuró Elizabide el Vagabundo en vascuence.
—Siempre, siempre... Y Maintoni dejó caer la cabeza sobre el pecho de Elizabide y éste la besó en su cabello castaño.
—¡Maintoni! ¡Aquí! —le dijo su hermana, y ella se alejó de él, pero se volvió a mirarle una vez, y muchas.

Alrededor vibraba la noche llena de misterios; en el cielo palpitaban las estrellas.

Elizabide el Vagabundo, sofocado de felicidad, miraba con los ojos muy abiertos una estrella lejana, muy lejana, y le hablaba en voz baja.

---

el **vascuence** lengua hablada por los vascos
cabello pelo

palpitar, to flash
sofocado, -a choked

RESUMEN DEL ARGUMENTO

1. ¿De qué parte de España era Elizabide?   2. ¿Cuál era su carácter?   3. ¿A qué comparaba él su vida?   4. ¿Por dónde había viajado?   5. ¿Dónde se había encontrado últimamente?   6. ¿Por qué volvió a España?   7. ¿Cuándo conoció a Maintoni?   8. ¿Cómo era ella?   9. ¿Cómo era el lugar en que la familia tomaba chocolate?   10. ¿Por qué interesaba Maintoni a Elizabide?   11. ¿Cuántos años tenía él? ¿ella?   12. ¿A qué fiesta iba la familia del boticario?   13. ¿Por qué fue Elizabide?   14. En la comida, ¿quién estaba sentado cerca de Maintoni?   15. ¿Qué baile comenzó al anochecer?   16. ¿Qué veía la familia mientras volvía de la romería? ¿qué oía?   17. ¿Cómo bajaba las cuestas?   18. ¿A quién recibió Elizabide en los brazos?   19. ¿Cuándo asustó Elizabide a Maintoni?   20. ¿En qué momento dejó Elizabide de tratarla de usted?

FORMAS Y SINTAXIS

[a]   Make the verb plural.

Detendré el coche.
Detendremos el coche.

1. Vendré a las cinco.
2. Tendré que adivinar.
3. Haré las cortinas.
4. Valdré mucho más.
5. Pondré el sillón allí.
6. Diré lo contrario.
7. Podré ver al juez.
8. Querré ver la película.
9. Sabré medir la pared.

10. Saldré más tarde.
11. Obtendré las entradas.
12. Expondré la vida.

[b] Change the position of the object pronoun.

Estoy llamándote.
Te estoy llamando.

1. Están mirándome.
2. Estamos hablándote.
3. Estás rompiéndolo.
4. Estoy encendiéndola.
5. Estás molestándonos.
6. Está siguiéndolos.
7. Está haciéndolo.
8. Estamos recogiéndolos.
9. Están escuchándonos.
10. Está escribiéndote.
11. Están sirviéndome.
12. Estoy ayudándola.

COMPRENSIÓN DE MODISMOS

1. Tendré que despedirme. 2. El sobrino estudia para abogado. 3. A ella no le gusta la cocina. 4. Anda, no seas tonta. 5. Los estudiantes querrán jugar a la pelota. 6. Todo el mundo se burló del pobrecito. 7. ¿Por qué no trabajo? No tengo ganas. 8. ¿Quiero ir al cine? ¡Ya lo creo! 9. El jardín daba al río. 10. Se empeñó en despedir a la criada. 11. Se enamoró de una señorita de aldea. 12. Trató de dar lecciones de alemán. 13. El dueño tardó en pagar a los empleados. 14. Se me olvidó apagar el fuego. 15. Bajábamos las cuestas cogidos de la mano.

ORACIONES MODELO

"¿Qué pensará?" se preguntaba.
1. "What can she be reading?" he would ask himself.
2. "What can she be doing?" he used to ask himself.
3. "What can she be saying?" he was asking himself.

A mí me gustan mucho las romerías.
4. I love circuses.
5. I love films.
6. I love dances.

Hoy era periodista, mañana comerciante.
7. One day he was a druggist, the next day a doctor.
8. One day he was a lawyer, the next day a judge.
9. One day he was a student, the next day a teacher.

PALABRAS EN ACCIÓN

[a] Change the sentence to one of similar meaning, as in the model.

Iba pagando las cuentas.
Poco a poco pagaba las cuentas.

1. Iba cambiando de opinión.
2. Iba apagando las luces.
3. Iba aprendiendo los nombres.
4. Iba perdiendo esperanza.
5. Iba olvidando el hogar.
6. Iba comprando los regalos.
7. Iba regando el jardín.
8. Iba trayendo los troncos.

[b] Change the sentence to an equivalent, as in the model.

Volvió a abrir.
Abrió otra vez.

1. Volvió a saludar.
2. Volví a preguntar.
3. Volvió a responder.
4. Volví a toser.
5. Volvió a salir.
6. Volví a insistir.
7. Volvieron a faltar.
8. Volvimos a cantar.
9. Volvieron a comer.
10. Volvimos a perder.
11. Volvieron a asistir.
12. Volvimos a aplaudir.

[c] Coplas

Si vas a buscar novia,
que no sea en romería,
sino en casa de su padre
con ropita de aquel día.

La mujer chiquita
es un regalo:
más vale poco y bueno
que mucho y malo.

[d] Refranes

Quien buena mujer tiene, seguro va y viene.
Las romerías, mucho vino y poca cera.
El que va en carro, ni va a pie ni a caballo.
Lo que fue ayer, no volverá a ser.

DISCUSIÓN

En este cuento, ¿tiene más importancia el fondo, la acción o el carácter de los personajes? ¿Qué cuadros de costumbres forman parte del cuento? ¿Es persona admirable Elizabide? ¿Cuál es la actitud de Baroja hacia él? ¿Se retrata bien a Maintoni? ¿Por qué se enamora Elizabide de Maintoni? ¿Por qué se enamora ella de él? ¿Serán felices? ¿Por qué?

TEMAS

1. Elizabide
2. Maintoni
3. El ambiente regional
4. Cómo Maintoni recoge a Elizabide cuando, como un tronco, va río abajo

Francisco Monterde
(n. 1894)

FRANCISCO MONTERDE nació en la capital de México. Ha enriquecido de muchísimas maneras la vida cultural de su ciudad y de su patria. Es muy conocido como catedrático de literatura española e hispanoamericana en la Universidad de México y como administrador de su Escuela de Verano. Ha ocupado altos puestos en la administración nacional de las bibliotecas y las publicaciones mexicanas. Voluminosa es su contribución literaria como historiador, biógrafo, crítico, poeta, dramaturgo, novelista y cuentista.

Quizá la mejor obra de Monterde tiene que ver con la conquista española de México y con el período colonial que la siguió. Él mismo dice que estas narraciones suyas tienen "mucho de historia, algo de leyenda, poco de fantasía". Es un verdadero historiador: hace un relato exacto de los sucesos contados en

---

enriquecer hacer rica a una persona o una cosa
catedrático professor
historiador persona que escribe historia
dramaturgo autor de obras dramáticas

las crónicas aztecas y españolas, aunque su imaginación añade de vez en cuando toques propiamente suyos. *Moctezuma, El de la Silla de Oro* (1940) y *Moctezuma II, Señor de Anáhuac* (1947) cuentan la triste historia del emperador azteca, pero el segundo de estos libros da importancia especial a su vida juvenil y al ambiente en que vivió, haciendo que su carácter y sus acciones sean menos enigmáticos de lo que a menudo parecen.

Dos novelas cortas, *El madrigal de Cetina* y *El secreto de la Escala* (1918), como también los cuentos de *El temor de Hernán Cortés* (1943), pintan los días coloniales de México, más o menos como las "tradiciones" de Palma pintan los días coloniales del Perú. A veces Monterde satiriza la pompa de los aristócratas de aquella sociedad, pero habla con sentimiento de la labor de los frailes y de los milagros que inspiraban a los devotos.

Monterde sabe construir a la perfección el andamiaje del cuento. Su prosa es de una sencillez clásica. Alguien ha dicho de él que "sabe decir lo que ha visto y lo que ha imaginado". También sabe decir lo que siente, una honda ternura por los que necesitan compasión —sea el emperador caído o el desgraciado salteador que, a su manera, trata de celebrar el día de Reyes.

---

toques propiamente suyos touches all his own
Anáhuac México
el ambiente surroundings
El madrigal de Cetina El protagonista es el poeta Gutierre de Cetina, quien escribió el famoso madrigal que empieza: "Ojos claros, serenos".
la Escala un libro de devociones
el andamiaje framework
sea el emperador caído whether it be the fallen emperor
salteador highwayman
día de Reyes 6 de enero, cuando los niños reciben sus regalos

UN SALTEADOR

LA BOCA DEL TRABUCO SE HA TRAGADO la pólvora y las balas. El salteador, para saciarla, mete el taco a golpes de baqueta. Uno, dos, tres. ¡Listo!

Ahora ya pueden venir por el camino los viajeros descuidados; el salteador los esperará oculto detrás de esas piedras, para sorprenderlos, en la clásica actitud de los bandidos: rodilla en tierra, tendida el arma, cerrado el ojo izquierdo, y cubierta por un pañuelo rojo la parte inferior de la cara.

Como pasa el tiempo y nadie aparece en el camino, el salteador se sienta a descansar y contempla el paisaje.

Una mano descuidada dejó caer los dados de las casitas blancas, allá abajo. De ellas asciende titubeante columna de humo azul. Un gran pájaro negro se ha dormido en el aire y gira en amplios círculos, sin mover las alas. El chorro de la cascada —prisionero que se evade— se descuelga por un lado de la montaña; salta, corre, vuelve a saltar; se detiene fatigado.

En lo alto de la montaña un ejército de blancas nubes prepara el encuentro con un grupo de árboles sombríos. Luchan. Al principio, domina el blanco; pero vence el negro; cae la noche.

El salteador bosteza, estira los brazos y se tiende en el suelo.

"¡Mala suerte!" medita. "Yo tendré que pasar la noche en la montaña, mientras abajo, en el pueblo, todos estarán metidos en casas bien abrigadas, sentados junto al fuego, para defenderse del frío y de ese viento que arranca la nieve de los picos lejanos.

"Mis hijos, que estarán acostados ahora, van a llorar mañana, cuando no encuentren juguetes ni dulces. Sus zapatos, vacíos, se

---

La boca del trabuco se ha tragado la pólvora The muzzle of the blunderbuss has swallowed the powder
saciar to surfeit
mete el taco a golpes de baqueta rams in the wadding
dados dice
titubeante wavering
gira en amplios círculos turns in wide circles

chorro stream
evadirse escaparse
descolgarse to slide down
bostezar to yawn
estirar to stretch
abrigar to protect
sus zapatos Los niños ponen sus zapatos en el balcón o en una ventana, creyendo que los Reyes, Melchor, Gaspar y Baltasar, los llenarán de regalos.

llenarán de lágrimas. Y tendré que escaparme, para no oír llorar a todos.

"Si pudiera encaramarme a un árbol, a uno de esos árboles nevados, y bajar la luna..."

El salteador se ha quitado el sombrero y lo sostiene entre las manos, como si fuera la luna.

¡Qué sorpresa recibirían al verla en el plato, rebanada! Los chicos dirían, aplaudiendo:

"¡Papá nos ha traído queso de luna!"

Como no puede dormir bajo la mirada tenaz de las estrellas, el salteador se vuelve boca abajo; cierra los ojos; los oprime fuertemente, y se le llenan otra vez de estrellas. Sus manos y sus pies están helados.

¡Qué frío!

Nadie viene por el camino; nadie vendrá con este frío. Tampoco viene el sueño.

Si supiera contar hasta cien, podría dormirse antes de llegar a ese número; pero no sabe.

¿Qué es? Ha presentido que por el sendero avanza alguien. Una sombra. El salteador empuña el arma y se pone en pie:

—¡Alto! ¿Quién vive?

La sombra calla; no se mueve. El salteador se acerca. Es un anciano. Le tiemblan los bigotes: ¿de ira o de miedo?

—¡La bolsa o la vida!

El viejo entrega la bolsa, y el salteador deja que aquél siga su camino.

---

encaramarse subir
nevado cubierto de nieve
rebanar to cut in slices
queso cheese
tenaz persistent
se vuelve boca abajo turns over on his face
los oprime fuertemente he presses them tightly together
presentir adivinar una cosa antes que suceda
sendero path
empuñar to grasp
¡Alto! ¿Quién vive? Stop! Who goes there?
los **bigotes** mustache
ira anger
bolsa bag

Apenas ha tenido tiempo el salteador de poner la bolsa en el suelo, cuando aparece otra sombra en el camino:
—¡Alto! ¿Quién vive?
La sombra calla. Es otro anciano, con barba de seda.
—¡La bolsa o la vida!
La sombra entrega la bolsa y se va atemorizado.
El salteador pone la segunda bolsa junto a la primera. Va a abrirla, cuando aparece otra sombra en el camino:
—¡Alto! ¿Quién vive?
Calla la sombra y su rostro se funde con la noche. Es un negro.
—¡La bolsa o la vida!
Después de entregar dócilmente la bolsa que lleva sobre la espalda, la sombra se desvanece en la sombra.

El salteador deja en el suelo la tercera bolsa, y espera, trabuco en mano, que aparezca otra sombra; pero el camino, blanco de nieve y de luna, está desierto por un lado; por el otro, se alejan las tres sombras, separadas, de mayor a menor.

Sentado en el suelo, el salteador examina su botín.

La primera bolsa, una bolsa de paño, está llena de monedas de oro. Por fuera, en letras doradas, se lee MELCHOR.

La segunda bolsa, de papel teñido de colores vivos, es más grande que la primera y contiene dulces. Huele bien y tiene impreso un nombre: GASPAR.

La tercera bolsa, más grande y pesada que las anteriores, es de piel. En ella hay juguetes. Afuera tiene pintados algunos signos. El salteador no puede leerlos; pero adivina que significan BALTASAR.

El salteador vacía en el suelo el contenido de las tres bolsas;

---

atemorizado, -a terrified
fundirse to blend
Es un negro Así pinta la tradición al Rey Baltasar.
desvanecerse desaparecer
de mayor a menor diminishing in size
el botín booty
paño cloth
teñir to dye
Huele bien It smells nice
impreso, -a printed

contempla el oro, los juguetes y los dulces, amontonados, y reflexiona que sus hijos serán los únicos que podrán recibir, al día siguiente, el espléndido, el tradicional regalo.

Quiere levantarse, para ir a su casa; pero sus piernas no le obedecen.

Un viajero encontró al salteador helado, junto al camino, al amanecer el día de Reyes.

---

vaciar   to empty   **amontonar**   to pile up

RESUMEN DEL ARGUMENTO

1. ¿Qué noche era?   2. ¿Qué tiempo hacía?   3. ¿Dónde se escondió el salteador?   4. ¿Cómo eran las casas que veía abajo?   5. ¿Qué hacía el pájaro que veía en el cielo?   6. ¿Qué elementos del paisaje le interesaban al salteador?   7. ¿Por qué tenía mala suerte?   8. ¿Dónde estaba su familia?   9. ¿Por qué creía que sus hijos llorarían al día siguiente?   10. ¿Por qué se tendió boca abajo?   11. ¿Qué gritó al presentir que venía alguien?   12. ¿Qué dijo cuando se acercó el viajero?   13. ¿Cómo era éste?   ¿Qué le entregó al salteador?   14. ¿Cómo era el segundo viajero? ¿El tercero?   15. ¿Qué le entregó cada uno al salteador?   16. ¿Cómo era la primera bolsa? ¿Qué contenía? ¿Qué nombre llevaba?   17. ¿Cómo era

la segunda bolsa? ¿Qué contenía? ¿Qué nombre llevaba? 18. ¿Cómo era la tercera bolsa? ¿Qué contenía? ¿Qué nombre llevaba? 19. ¿Quiénes eran los tres viajeros? 20. ¿Qué le pasó al salteador?

FORMAS Y SINTAXIS

[a] Change the present-future sequence to the imperfect-conditional.

Sé que vendrán.
Sabía que vendrían.

1. Sé que irás.
2. Sé que saldrás.
3. Sé que callarás.
4. Sé que perderás.
5. Creo que esperarán.
6. Creo que faltarán.
7. Creo que pagarán.
8. Creo que asistirán.
9. Dice que tardará.
10. Dice que dormirá.
11. Dice que volverá.
12. Dice que ayudará.

[b] Change the sentence to one beginning with **No**.

Nada me sorprende.
No me sorprende nada.

1. Nada me preocupa.
2. Nada me sucede.
3. Nada me atrae.
4. Nunca me pierdo.

5. Nunca me enamoro.
6. Nunca me detengo.
7. Nadie me obedece.
8. Nadie me escucha.
9. Nadie me aplaude.
10. Jamás me muevo.
11. Jamás me divierto.
12. Jamás me quedo.

COMPRENSIÓN DE MODISMOS

1. Al principio no pudo dormirse.   2. Los viajeros tendrían que pasar la noche fuera.   3. Al entrar una dama, el caballero se pone en pie.   4. A menudo el cartero no se detiene.   5. El coche no está limpio sino muy sucio.   6. Esa tonta es muy descuidada.   7. Me tendí en el suelo, boca abajo.   8. Pon la silla a la izquierda, junto al hogar.   9. Volvió la espalda y se alejó.   10. ¿Es ligera o pesada la maleta?   11. Por fuera la caja está pintada de colores vivos.   12. Los niños estarían acostados.   13. Los Reyes les llenarán los zapatos de juguetes.   14. ¡Qué mal huele esa piel!   15. El pobrecito tuvo que obedecer al jefe.

ORACIONES MODELO

¡Qué sorpresa recibirían al verlos!
1. What a surprise they would get when they found them!
2. What a surprise they would get when they read them!
3. What a surprise they would get when they opened them!

Tampoco viene el sueño.
4. The boss doesn't know either.
5. The mailman doesn't pass either.
6. The daughter doesn't play either.

El salteador se ha quitado el sombrero.
7. The child has put on his shoes.
8. The student has cut his hair.
9. The player has broken his arm.

PALABRAS EN ACCIÓN

[a] Answer with a statement of opposite meaning.

¿Es delgada la chica?
Al contrario, es gorda.

1. ¿Es largo el desfile?
2. ¿Es estrecha la calle?
3. ¿Es pesada la maleta?
4. ¿Es útil el cuchillo?
5. ¿Es morena la señorita?
6. ¿Está cerca la aldea?
7. ¿Está caliente el cuarto?
8. ¿Está vacía la bolsa?
9. ¿Está sucia la cocina?
10. ¿Está a la izquierda?

[b] Replace the present participle with **Al** plus the infinitive.

Oyendo el sonido, se levantó.
Al oír el sonido, se levantó.

1. Leyendo la carta, se sorprendió.
2. Cayendo la noche, se volvió.
3. Yendo por el cementerio, se asustó.
4. Huyendo por el monte, se perdió.
5. Trayendo las maletas, se cansó.
6. Concluyendo el discurso, se sentó.
7. Construyendo la canoa, se divirtió.
8. Poseyendo la joya, se contentó.

[c] Adivinanza

De día está lleno y con la boca cerrada; de noche está vacío y con la boca abierta.

(el zapato)

[d] Copla

Las mañanas que son frías
los amigos verdaderos
ni se dan los buenos días
ni se quitan el sombrero.

[e] Villancico

De donde la aurora abre su balcón,
y saca risueña en brazos al sol,
vienen Baltasar, Gaspar y Melchor,
preguntando alegres por el Dios de amor.

DISCUSIÓN

¿Es simpático el salteador? ¿Por qué? ¿Qué indica que él tiene sentido dramático, ¿sentido poético? ¿A qué compara las casas? ¿la cascada? ¿las nubes y los árboles? ¿Es verosímil o inverosímil su carácter? ¿En qué momento sabemos que está soñando? ¿Cuál es la idea principal del cuento? ¿Es más bien historia, leyenda, fantasía, relato realista, o estudio psicológico? ¿Sabe el lector cuál va a ser el desenlace?

TEMAS

1. El salteador
2. El día de Reyes
3. La personificación en las descripciones
4. La naturaleza vista por Baroja y por Monterde

Rubén Darío
(1867-1916)

LA POESÍA DE RUBÉN DARÍO es la más bella escrita en español durante su tiempo. Además, su influencia sobre la poesía de sus contemporáneos, españoles e hispanoamericanos, era mayor que la de ningún otro poeta.

Darío nació en una aldea de Nicaragua. Era un verdadero americano, pues tenía sangre india. A la edad de once años ya escribía poemas, y muy pronto la gente empezó a pedirle obituarios en verso. No tardó en ser llamado por todo Centro América el Poeta Niño.

Conoció los círculos literarios del mundo español por primera vez cuando, a los diecinueve años, consiguió un empleo en un periódico de Chile. Allí publicó un volumen de poesía y prosa poética titulado *Azul*. A causa de la fama que le dio este libro se hizo corresponsal del gran periódico de Buenos Aires, *La Nación*. Este puesto, que él ocupó toda la vida, le dio medios

---

consiguió un empleo he got a job

de vivir cuando le faltó todo lo demás. En 1892 el periódico lo envió a Europa. Fue entonces cuando conoció a los poetas españoles y franceses de su época. La unión de su inspiración con la de ellos creó el movimiento poético que se llama *modernismo*.

Las tres obras más importantes de Darío son *Azul* (1888), *Prosas profanas* (1896) y *Cantos de vida y esperanza* (1905). En ellas vemos los elementos que caracterizan la poesía modernista: originalidad de formas métricas, variedad de sonidos musicales, riqueza de imágenes y alusiones. También vemos cómo atraía a los modernistas el lado estético de la cultura: les encantaban los objetos exóticos, elegantes, lujosos.

En la obra de Darío hay reminiscencias de la poesía griega, oriental, española, francesa. Era un espíritu cosmopolita que tomaba las cosas bellas dondequiera las encontraba y las transformaba en algo nuevo. Hasta el fin de su vida siguió buscando lo raro y lo precioso. En la última página que escribió llama el universo "el gran estuche del Creador".

---

estético, -a aesthetic
dondequiera wherever

el **estuche** caja para guardar joyas y otras cosas preciosas

LA MUERTE DE LA EMPERATRIZ DE LA CHINA

DELICADA Y FINA COMO UNA JOYA HUMANA, vivía aquella linda niña en la pequeña casa que tenía un saloncito con tapices azules como el cielo.

¿Quién era el dueño de aquella graciosa criatura, de ojos negros y boca roja? ¿Para quién cantaba su canción divina, cuando la primavera mostraba su bello rostro riente y abría las flores del campo? Suzette se llamaba la niña y Recaredo su joven esposo, artista soñador.

Él era escultor. En la pequeña casa tenía su estudio, lleno de mármoles, yesos, bronces y terracotas. A veces los que pasaban oían a través de las ventanas el doble sonido de un martillo y una voz, al que se mezclaban las carcajadas del mirlo, un mirlo enjaulado que, cuando ella se sentaba al piano, dejaba de cantar. ¡Las carcajadas del mirlo! No era poca cosa.

—¿Me quieres?...
—¿No lo sabes?...
—¿Me amas?...
—¡Te adoro!...

Ya estaba el pájaro echando toda la risa por el pico. Lo sacaba ella de la jaula, volaba por el saloncito azul. ¡Tiiiiiiiit... rrrrrtch fiii!... ¡Vaya, que a veces era malcriado e insolente en su lengua original! Pero todo se lo perdonaba Suzette, que le mimaba, y le decía con voz llena de dulzura:

—¡Señor Mirlo, es usted un picarón!

---

saloncito little drawing room
el **tapiz** tapestry
riente que ríe
soñador, -a que sueña mucho
el **escultor** sculptor
mármoles, yesos, bronces y terracotas statues of marble, plaster, bronze, and terra-cotta
martillo hammer
mirlo blackbird
enjaulado, -a caged

echando toda la risa por el pico pouring out all his laughter in song
jaula cage
malcriado, -a rude
en su lengua original in his own tongue
mimar to spoil
es usted un picarón you are an old rascal

Recaredo amaba su arte. Tenía la pasión de la forma: sacaba del mármol gallardas diosas de ojos blancos, serenos y sin pupilas, gárgolas terroríficas, grifos de largas colas. En su estudio estaba, en fin, todo el mundo gótico de los románticos. Sin embargo, aun mayor era su pasión por lo oriental. Recaredo en esto era original. No sé qué habría dado por hablar chino. Gastaba cuanto tenía comprando objetos importados de la China: cuchillos, pipas, máscaras feas y misteriosas, enanos con enormes panzas y ojos circunflejos, monstruos de grandes bocas abiertas y diminutos soldados de Tartaria.

—¡Oh! —le decía Suzette— detesto tu terrible estudio, porque lo quieres más que a mí.

Él sonreía, interrumpía su labor, y corría al pequeño salón azul, a alegrarla y a oír cantar y reír al loco mirlo jovial.

Una mañana que entró a darle una noticia vio que estaba tendida, cerca de un tazón de rosas sostenido por un trípode. Parecía la Bella Durmiente del Bosque, con su bata blanca, y el pelo castaño sobre los hombros. Era como una de aquellas figuras de los cuentos de niños que empiezan: "Ésta era una reina..."

La despertó.

—¡Suzette! ¡Suzette! Carta de Robert, Suzette. ¡El chico está en la China!

Suzette se levantó y le quitó el papel. ¡Con que había llegado tan lejos! "Hong Kong, 18 de enero..." ¡Qué gracioso! ¡Un excelente muchacho, con la manía de viajar! Llegaría al fin del mundo. ¡Robert era un gran amigo! Era como de la familia.

---

gárgola gargoyle
grifo griffin
gótico, -a Gothic
enanos con enormes panzas y ojos circunflejos dwarfs with enormous paunches and eyes like circumflex accents
Tartaria región en el este de Europa y el oeste de Asia
el tazón bowl
la Bella Durmiente del Bosque the Sleeping Beauty of the Forest
bata robe
Ésta era una reina Once upon a time there was a queen
Con que So

Había partido hacía dos años para San Francisco de California. ¡Habríase visto loco igual!
Comenzó a leer:

Hong Kong, 18 de enero.

Mi buen Recaredo:

Vine y vi, pero no he vencido aún. En San Francisco supe vuestro matrimonio y me alegré. Di un salto y caí en la China. He venido como agente de una casa californiana, importadora de sedas, marfiles y demás chinerías. Junto con esta carta recibirás un regalo mío que, dada tu afición por las cosas de este país maravilloso, sé que te gustará. Ponme a los pies de Suzette, y guarda el regalo en memoria de tu

Robert

Ni más ni menos. Ambos saltaron la carcajada. El mirlo los acompañó con una explosión de sonidos musicales.

El regalo había llegado. Era una caja de gran tamaño, llena de números y de letras que daban a entender que el contenido era muy frágil. Cuando la abrieron, apareció el misterio. Era un fino busto de porcelana, un admirable busto de mujer sonriente, pálida y encantadora. En la base tenía tres inscripciones, una en caracteres chinos, otra en inglés y otra en español: *La emperatriz de la China*.

¡Habríase visto loco igual! Was there ever such a crazy fellow!
el marfil ivory
chinería cosa de la China
afición liking

Ponme a los pies de Suzette My love to Suzette
soltaron la carcajada began to laugh

¡La emperatriz de la China! ¿Qué manos de artista asiático habrían modelado aquellas formas tan misteriosas y atrayentes? Era una cara enigmática, con ojos extraños, de princesa oriental, sonrisa de esfinge, alto cuello sobre hombros cubiertos de seda bordada de dragones, todo hecho de porcelana blanca. ¡La emperatriz de la China! Suzette pasaba sus dedos de rosa sobre los ojos de aquella graciosa soberana. Recaredo sentía orgullo de poseerla. La pondría en un lugar especial, para que viviera y reinara sola.

En efecto, en un rincón de su estudio le construyó un nicho en el que predominaba la nota amarilla. En el centro, sobre un pedestal dorado, se alzaba la exótica figura. Alrededor de ella había colocado Recaredo todas sus curiosidades orientales. La cubría un quitasol pintado de camelias y de anchas rosas sangrientas. El joven artista, después de dejar su labor, llegaba frente a la emperatriz, con las manos cruzadas sobre el pecho a saludarla. En un plato le ponía flores frescas todos los días. Sentía un verdadero éxtasis ante ella. Estudiaba sus menores detalles: el cabello, los labios, los ojos. ¡Un ídolo era ya para él la emperatriz oriental! Suzette le llamaba desde lejos:

—¡Recaredo!

—¡Voy! —contestaba, y seguía en la contemplación de su obra de arte hasta que la muchacha lo sacaba a la fuerza del estudio.

Un día las flores del plato desaparecieron.

—¿Quién ha quitado las flores? —gritó Recaredo desde su estudio.

—Yo —respondió Suzette con enojo.

Allá, en lo hondo de su cerebro, se preguntaba el artista:

---

atrayente fascinating
la **esfinge** sphinx
bordar to embroider
soberana sovereign
el **quitasol** parasol
sangriento, -a blood-red

¡Voy! Coming!
a la fuerza by force
enojo anger
en lo hondo de su cerebro in his innermost thoughts

"¿Qué tendrá mi mujercita?" La veía contrariada. En la mesa no quería comer. Estaba seria. ¿Qué sería?

Recaredo no tardó en comprender: ¡Suzette tenía celos! Convencido de ello una tarde dijo a la muchacha de su corazón estas palabras, frente a frente, a través del humo de una taza de café:

—Eres demasiado injusta. ¿Acaso no sabes leer en mis ojos lo que hay dentro de mi corazón?

Suzette se echó a llorar. Él ya no la amaba. Habían huido para siempre las dulces y radiantes horas. La había dejado por la otra.

¡La otra! Recaredo dio un salto. Estaba engañada. ¿Lo diría por la rubia Eulogia, a quien en un tiempo había escrito poemas? Ella movió la cabeza.

—No.

¿Por la rica Gabriela, de largos cabellos negros, blanca como la nieve, y cuyo busto había hecho? ¿Por Luisa, la danzarina de ojos incendiarios? ¿O quizá por la viudita Andrea, que al reír dejaba ver la punta de su lengua entre sus diminutos dientes?

No; no era ninguna de ésas. Recaredo se quedó confuso.

—Mira, chiquilla, dime la verdad. ¿Quién es ella? Sabes cuánto te adoro, amor mío...

Había tanta verdad en aquellas palabras que Suzette, aunque llorando, se animó a decirle:

—¿Me amas?

—¡Bien lo sabes!

—Deja, pues, que me vengue de mi rival. Ella o yo: escoge. Si es cierto que me quieres, ¿me permitirás que la aparte para siempre de tu camino?

¿Qué tendrá mi mujercita? What can be the matter with my dear little wife?
contrariado, -a vexed
Acaso no sabes leer Is it possible that you can't read
¿Lo diría por...? Could she be talking about...?
danzarina dancer
incendiario, -a burning
chiquilla darling
Deja... que me vengue Let me avenge myself

—Sí —dijo Recaredo. Y viéndola dejar la sala, siguió tomando su café.

Apenas hubo acabado, cuando oyó un gran ruido en el estudio. Se levantó, y sin perder tiempo entró en el cuartito de la emperatriz.

¿Qué miraron sus ojos? El busto había desaparecido del pedestal de oro, y por el suelo se veían pedazos de porcelana que crujían bajo los pequeños zapatos de Suzette quien, toda encendida y con el cabello suelto, decía al maridito asustado:

—¡Estoy vengada! ¡Ha muerto ya la emperatriz de la China!

Y cuando llegó el momento de reconciliación, en el saloncito azul, todo lleno de regocijo, el mirlo, en su pequeña jaula, se moría de risa.

---

crujir to crackle **regocijo** alegría
encendido, -a flushed

LA EMPERATRIZ DE LA CHINA

RESUMEN DEL ARGUMENTO

1. ¿Cómo era Suzette? 2. ¿Cómo era su casa? 3. ¿Quién era Recaredo? 4. ¿Qué se veía en su estudio? ¿Qué se oía? 5. ¿Por qué detestaba Suzette el estudio? 6. ¿Qué hacía el mirlo? 7. ¿Qué arte le gustaba más a Reca-

redo? 8. ¿Desde dónde recibió carta? ¿De quién? 9. ¿Qué le mandó éste como regalo de boda? 10. ¿Cómo era la emperatriz? 11. ¿Dónde la colocó Recaredo? 12. ¿Qué cosas puso alrededor de ella? 13. ¿Qué cosas traía todos los días? 14. ¿Quién las quitó? ¿Por qué lo hizo? 15. ¿Qué amigas había tenido Recaredo? 16. ¿Estaba celosa de ellas Suzette? 17. ¿De quién estaba celosa? 18. ¿Entre quiénes tuvo que escoger Recaredo? 19. ¿Cómo se vengó Suzette de su rival? 20. ¿Se lo perdonó Recaredo?

FORMAS Y SINTAXIS

[a] Replace the imperatives by infinitives following **Hay que**.

Compra y vende.
Hay que comprar y vender.

1. Grita y corre.
2. Comprende y perdona.
3. Gana y pierde.
4. Vive y aprende.
5. Pregunta y responde.
6. Escucha y repite.
7. Confía y obedece.
8. Piensa y escoge.
9. Esconde y busca.
10. Da y recibe.
11. Lee y escribe.
12. Enciende y apaga.

[b] Replace the imperative by the infinitive following **Debes**.

Acércate más.
Debes acercarte más.

1. Quédate conmigo.
2. Cállate en seguida.

3. Anímate un poco.
4. Párate allí mismo.
5. Cásate con ella.
6. Pésate a menudo.
7. Cuídate mucho.
8. Prepárate bien.
9. Levántate temprano.
10. Acuéstate pronto.
11. Acuérdate de mí.
12. Alégrate de eso.

COMPRENSIÓN DE MODISMOS

1. ¿Qué tendrá mi mujercita?   2. La bata era de seda. 3. El puesto estaba pintado de colores vivos.   4. Supe vuestra llegada y me alegré.   5. ¿Tendrá celos la chiquilla? 6. Con que me estás engañando.   7. En fin, ya no me quieres.   8. Leyó la noticia y soltó una carcajada.   9. Dejé de cantar hace dos años.   10. Había dejado de cantar hacía dos años.   11. A través de la pared se oían golpes. 12. Es un niño malcriado.   13. En un rincón se veían pedazos de porcelana.   14. ¿De qué tamaño quiere usted el cuello?   15. Ese tonto ha gastado cuanto tenía.

ORACIONES MODELO

Aun mayor era su pasión por lo oriental.
1. Greater still was his love of everything strange.
2. Greater still was his love of precious things.
3. Greater still was his love of the beautiful.

No tardé en comprender que tenía celos.
4. I soon realized that she was afraid.
5. I soon realized that she was sleepy.
6. I soon realized that she was right.

No sé qué habría dado por ser chino.
7. I would have given anything to be a sculptor.
8. She would have given anything to be a teacher.
9. You would have given anything to be an empress.

PALABRAS EN ACCIÓN

[a] Give a sensible answer.

¿Qué cosas se hacen de bronce?
Hay jaulas (campanas, lámparas) de bronce.

¿Qué cosas se hacen
1. de seda?
2. de porcelana?
3. de mármol?
4. de piel?
5. de paño?
6. de plata?
7. de piedra?
8. de terracota?

[b] Give a sensible answer.

¿Cuántos dedos tiene el hombre?
Tiene veinte dedos.

1. ¿Cuántas labios tiene el hombre?
2. ¿Cuántos ojos?
3. ¿Cuántos corazones?
4. ¿Cuántos hombros?
5. ¿Cuántos cuellos?
6. ¿Cuántas barbas tiene?
7. ¿Cuántas espaldas?
8. ¿Cuántas bocas?

9. ¿Cuántas rodillas?
10. ¿Cuántas lenguas?

[c] Copla

En una jaula de plata
cantaba un pajarito:
"Dicen que el amor no mata,
pero lastima un poquito."

[d] Refrán

Pájaro viejo no entra en jaula.

DISCUSIÓN

¿Se retrata bien a los dos jóvenes? ¿A quién se retrata mejor? ¿Son individuos o tipos universales? ¿Qué papel hace el mirlo? ¿Qué importancia tienen los objetos exóticos, elegantes y lujosos? Si el cuento tiene trama, ¿en qué consiste? ¿Cuál es el verdadero rival de Suzette? Rompiendo el busto de la emperatriz, ¿resolverá el conflicto para siempre? ¿En qué conflicto humano está basado el relato?

TEMAS

1. Recaredo
2. Suzette
3. Por qué la emperatriz le gusta tanto a Recaredo
4. En qué se ve que Darío es poeta

Gustavo Adolfo Bécquer
(1836-1870)

EL AMIGO que mejor conocía a Bécquer decía que la cruel lucha por la vida le tenía cogido en un estrecho círculo de hierro del cual nunca pudo escapar. En efecto, cada línea de su obra fue escrita para satisfacer alguna necesidad material. Era uno de los ocho hijos de un pintor sevillano, quienes quedaron huérfanos cuando Gustavo tenía diez años de edad. A los dieciocho años, él fue a Madrid en busca de fama en las letras y las artes. Al principio tuvo que vivir aceptando un empleo de dependiente; más tarde, escribiendo artículos y traduciendo del francés.

Bécquer usaba la pluma con igual facilidad cuando escribía que cuando dibujaba. A menudo festoneaba las páginas de sus manuscritos con dibujos de paisajes, torres góticas, tumbas, esqueletos, guerreros, mujeres idealmente bellas, guirnaldas y flores. A él y a su hermano Valeriano les gustaba ver viejos edificios en

---

sevillano, -a de Sevilla
huérfano, -a orphan
un empleo de dependiente a clerkship

dibujar to draw
festonear to festoon
esqueleto skeleton
guirnalda garland

ruinas. Los dos juntos hicieron muchos "viajes artísticos". Siempre sentían por Toledo especial cariño.

Cuando, en 1864, la salud de Gustavo requería descanso y quietud, se fue a vivir al abandonado monasterio de Veruela, en el Moncayo, la sierra que separa Castilla de Aragón. En una celda del viejo monasterio, fundado en el siglo XII, escribió muchas de sus veintidós leyendas y las nueve cartas tituladas *Desde mi celda*. Estas cartas y leyendas, con sus setenta y seis *Rimas* (1871), son su obra maestra.

En *Desde mi celda*, Bécquer hace relatos encantadores de su vida en el monasterio y de sus paseos por la región. Buscaba constantemente tradiciones evocadas por viejas estatuas e inscripciones o contadas junto al calor del hogar. Le fascinaban lo misterioso y lo sobrenatural, "el alma de las cosas muertas". Él mismo decía: "Me cuesta trabajo saber qué cosas he soñado y cuáles me han sucedido."

Toledo ciudad antigua del centro de España
Aragón región del nordeste de España
Me cuesta trabajo I find it hard

EL BESO

CUANDO UNA PARTE DEL EJÉRCITO FRANCÉS, al principio del siglo XIX, se apoderó de la histórica Toledo, sus jefes comenzaron por transformar en cuarteles los más grandes y mejores edificios de la ciudad, acabando por usar de esta manera hasta las iglesias. Así se encontraban las cosas cuando una noche, ya a hora bastante avanzada, unos cien dragones, envueltos en sus oscuros capotes de guerra, entraron en la ciudad.

Mandaba la fuerza un joven oficial, el cual iba delante de su gente, hablando en voz baja con otro militar. Éste, que caminaba a pie llevando en la mano un farolillo, parecía servirle de guía por aquel laberinto de calles estrechas y oscuras.

—En verdad —decía el oficial a su compañero— que si el alojamiento que se nos prepara es como me lo pintas, casi casi sería preferible dormir en el campo o en medio de una plaza.

—¿Y qué queréis, mi capitán? —le contestó el guía—. La iglesia del convento adonde voy a conduciros no es mal sitio.

—En fin —exclamó el oficial después de un corto silencio—, más vale incómodo que ninguno. De todos modos, si llueve, estaremos bajo cubierto, y algo es algo.

Interrumpida la conversación en este punto, los militares siguieron en silencio hasta llegar a una plazuela en cuyo fondo se veía la negra silueta del convento.

—Aquí tenéis vuestro alojamiento —dijo el guía.

El capitán desmontó, tomó el farolillo de manos del guía, se dirigió hacia el punto que éste le señalaba, y penetró en el interior del templo. A la luz del farolillo, cuya débil claridad se

---

ejército francés los soldados de Napoleón, quien invadió a España en 1808
apoderarse to take possession
el cuartel barracks
el dragón dragoon (a cavalryman of a heavily armed troop)
el capote de guerra military cloak
farolillo lantern
alojamiento quarters
En fin After all
más vale incómodo que ninguno better an uncomfortable place than none at all
De todos modos Anyhow
bajo cubierto under cover
plazuela plaza pequeña
en cuyo fondo at the far end of which

perdía entre las espesas sombras, recorrió la iglesia de arriba abajo. Sólo entonces mandó desmontar a su gente y, hombres y caballos juntos, fue acomodándolos como mejor pudo.

La iglesia estaba completamente desmantelada, pero en el fondo de la capilla mayor se distinguía entre la oscuridad, semejantes a blancos y silenciosos fantasmas, algunas estatuas de piedra, unas tendidas, otras de rodillas, que parecían ser los únicos habitantes del ruinoso edificio.

Nuestro héroe, aunque joven, estaba tan familiarizado con los extraños sucesos de la vida militar que, apenas hubo acomodado a su gente, se envolvió en su capote, y a los cinco minutos dormía tranquilamente. Los soldados imitaron su ejemplo, y poco a poco fue apagándose el murmullo de sus voces. A la media hora sólo se oían los gemidos del aire que entraba por las rotas vidrieras, el confuso revolotear de las aves nocturnas que tenían sus nidos en el ruinoso templo, y el rumor de los pasos del guardia, que se paseaba fuera.

En la época a la que se refiere esta historia, lo mismo que al presente, para los que no sabían apreciar los tesoros del arte que encierra Toledo, la ciudad no era más que un poblachón antiguo y ruinoso. Los oficiales del ejército francés se aburrían mucho allí. Por eso se interesaban enormemente en la más insignificante novedad que rompía la monótona quietud de aquellos días eternos e iguales.

Entre los oficiales que acudieron al día siguiente a tomar el sol y charlar un rato en el Zocodover, se hablaba mucho de la llegada de los dragones y de su jefe, con quien uno de los pre-

---

recorrer to go over
de arriba abajo from top to bottom
fue acomodándolos proceeded to settle them
capilla mayor parte principal de la iglesia en que está el altar mayor
ruinoso, -a dilapidated

fue apagándose there died away
gemidos moaning
vidriera ventana
revolotear to flutter
el poblachón shabby town
aburrirse to be bored
acudir to gather
el Zocodover plaza principal de Toledo

sentes, antiguo compañero de colegio, tenía cita. Ya comenzaba a interpretarse de diversos modos la ausencia del capitán, cuando éste apareció por fin, luciendo un gran casco de metal con penacho de plumas blancas, una casaca azul y roja, y una magnífica espada.

Apenas le vio su compañero, salió a recibirle. Con él se adelantaron casi todos los otros; habían oído hablar del carácter original y extraño del capitán y tenían ganas de conocerle.

Después de los abrazos de costumbre, las exclamaciones y las preguntas indispensables en estas reuniones, la conversación vino a parar en la falta de diversiones de la ciudad y el inconveniente de los alojamientos. Al llegar a este punto, uno de los presentes que tenía noticia de la mala gana con que el joven oficial se había resignado a acomodar a su gente en la abandonada iglesia, le dijo:

—Y a propósito de alojamiento, ¿cómo se ha pasado la noche en el que ocupáis?

—Ha habido de todo —contestó el capitán—. Es verdad que no he dormido gran cosa, pero el insomnio junto a una mujer bonita no es seguramente el peor de los males.

—¡Una mujer! —repitió el compañero.

—Tal vez algún antiguo amor de la corte que le sigue a Toledo —añadió otro del grupo.

—¡Oh, no! —dijo entonces el capitán—. Juro que no la conocía y que nunca creí hallar tan bella patrona en tan incómodo alojamiento. Es todo lo que se llama una verdadera aventura.

---

compañero de colegio schoolmate
lucir to display
casco helmet
penacho crest
casaca dress coat
adelantarse avanzar
original eccentric
tenían ganas de conocerle they were anxious to meet him
abrazos de costumbre usual embraces
vino a parar en settled on
tener noticia de to know of
mala gana reluctance
Ha habido de todo There's been a little of everything
gran cosa very much
la corte court (Madrid)
patrona hostess

—¡Contadla, contadla! —exclamaron los oficiales que rodeaban al capitán, y todos prestaron la mayor atención mientras él comenzó la historia.

—Dormía anoche como duerme un hombre que trae en el cuerpo trece leguas de camino, cuando he aquí que en lo mejor del sueño me hizo despertar un estruendo horrible. Era el primer golpe que oía de esa endiablada Campana Gorda, que los toledanos han colgado en su catedral con el laudable propósito de desesperar a los necesitados de reposo. Me disponía a coger de nuevo el hilo del interrumpido sueño, cuando se ofreció ante mis ojos una cosa extraordinaria. A la luz de la luna que entraba en el templo, vi una mujer arrodillada junto al altar.

Los oficiales se miraron entre sí; pero el capitán, sin atender al efecto que su narración producía, continuó:

—No podéis figuraros nada semejante a aquella fantástica visión. Su rostro ovalado, las purísimas líneas de su cuerpo delgado, su actitud reposada y noble, me traían a la memoria esas mujeres que yo soñaba cuando casi era un niño.

—Pero —exclamó su compañero de colegio que, comenzando por echar a broma la historia, había concluido interesándose en ella—, ¿cómo estaba allí aquella mujer? ¿No te explicó su presencia en aquel sitio? ¿No le dijiste nada?

—No le hablé, porque estaba seguro de que no iba a contestarme, ni verme, ni oírme.

—¿Era sorda?

—¿Era ciega?

—¿Era muda? —preguntaron a un tiempo tres o cuatro de los que escuchaban la historia.

---

que trae en el cuerpo trece leguas de camino who has just covered thirteen leagues
he aquí que lo and behold
estruendo clamor
endiablado -a devilish
Campana Gorda bell weighing nearly two tons, cast in 1753
desesperar exasperar
necesitado, -a in need
se miraron entre sí looked at each other
echar a broma la historia taking the story as a joke

—Lo era todo a la vez —contestó el capitán—, porque era... de mármol.

Al oír el fin de tan extraña relación, los compañeros soltaron una ruidosa carcajada, mientras uno de ellos le dijo al capitán, que era el único que permanecía callado y grave:

—De mujeres de ese género tengo yo más de mil, un verdadero serrallo, en San Juan de los Reyes, serrallo que desde ahora pongo a vuestra disposición, ya que os gustan igualmente las mujeres de carne y las de piedra.

—¡Oh, no! —exclamó el capitán—. Estoy seguro de que esas mujeres vuestras no pueden ser como la mía. La mía es una verdadera dama castellana.

—Si es así tu nueva dama, creo que no tendrás inconveniente en presentarnos a ella. De mí sé decir que yo no vivo hasta ver esa maravilla. Pero... ¿qué te pasa? Diríase que quieres evitar la presentación. ¿Estás celoso?

—Celoso... —se apresuró a decir el capitán—, celoso... de los hombres, no..., sin embargo... junto a la imagen de esa mujer, también de mármol, hay un guerrero... su marido, sin duda. Pues bien, lo voy a decir todo... Si no hubiera temido que me trataran de loco, creo que ya lo habría hecho pedazos.

Una nueva y aun más ruidosa carcajada de los oficiales saludó esta original revelación.

—Es preciso que veamos la dama —decían unos oficiales.

Lo era todo a la vez She was all those things at once
serrallo harem
San Juan de los Reyes convento fundado en 1476
no tendrás inconveniente en presentarnos you won't mind introducing us
De mí sé decir que yo no vivo hasta ver Speaking for myself, I can't wait to see

Diríase One would say
presentación introduction
apresurarse to hasten
Si no hubiera temido que me trataran de loco If I hadn't been afraid that everyone would call me a lunatic
ruidosa carcajada loud burst of laughter
Es preciso que veamos We've got to see

—Sí, sí; es preciso saber si el objeto corresponde a tan alta pasión —añadían otros.

—¿Cuándo nos reuniremos en vuestro alojamiento? —preguntaron los demás.

—Cuando mejor os parezca: esta misma noche, si queréis —respondió el joven capitán, recobrando su habitual sonrisa—. A propósito: con el equipaje he traído un par de docenas de botellas de *champagne,* restos de un regalo hecho a nuestro general que, como sabéis, es pariente mío.

—¡Bravo! ¡Bravo! —exclamaron los oficiales.

—Beberemos...

—Y cantaremos...

—Y hablaremos de mujeres, a propósito de la dama del anfitrión.

—Con que... ¡Hasta la noche!

—¡Hasta la noche!

Ya hacía largo rato que los pacíficos habitantes de Toledo habían cerrado con llave las pesadas puertas de sus antiguas casas, y la Campana Gorda anunciaba la hora de la queda, cuando diez o doce oficiales, que poco a poco habían ido reuniéndose en el Zocodover, tomaron el camino que conduce desde aquel punto al convento, alojamiento del capitán.

La noche había cerrado sombría; el cielo estaba cubierto de nubes negras; el aire silbaba por las estrechas calles. Apenas los oficiales llegaron a la plaza en que estaba el alojamiento de su amigo, éste, que les aguardaba impaciente, salió a recibirles. Luego todos penetraron juntos en la iglesia, donde la escasa claridad del farolillo luchaba trabajosamente con las espesas sombras.

—¡Por mi vida! —exclamó uno de los convidados— que este lugar es muy poco a propósito para una fiesta.

---

corresponder a to match
Cuando mejor os parezca When you think best
el anfitrión host
Ya hacía largo rato que It was a long time after

queda curfew
La noche había cerrado sombría The gloomy night had closed in
trabajosamente painfully
convidado invitado
poco a propósito little suited

—Es verdad —dijo otro—. Nos traes a conocer a una dama y apenas se ven los dedos de la mano.

—Y sobre todo, hace tanto frío que parece que estamos en la Siberia —añadió un tercero, envolviéndose en el capote.

—¡Calma, señores, calma! —interrumpió el anfitrión—. Calma, que todo se arreglará... ¡Eh, muchacho! —continuó, dirigiéndose a uno de sus asistentes—, busca por ahí un poco de leña y enciéndenos un buen fuego en la capilla mayor.

El asistente, obedeciendo las órdenes de su capitán, comenzó a descargar golpes en la sillería del coro. A los pocos minutos, una gran claridad, que de repente se derramó por toda la iglesia, anunció a los oficiales que había llegado la hora de comenzar la fiesta.

El capitán, que hacía los honores de su alojamiento con la misma ceremonia con que hubiera hecho los de su casa, les dijo a los convidados:

—Si gustáis, pasaremos al *buffet*.

Sus compañeros, afectando la mayor gravedad, respondieron a la invitación con un cómico saludo, y siguieron al héroe de la fiesta. Éste, al llegar a la capilla mayor, se detuvo un instante, y extendiendo la mano hacia el sitio que ocupaba una tumba, les dijo con la finura más exquisita:

—Tengo el placer de presentaros a la dama de mis pensamientos. Creo que convendréis conmigo en que no he exagerado su hermosura.

Los oficiales volvieron los ojos al punto que les señalaba su amigo, y una exclamación de asombro se escapó involuntariamente de sus labios. En efecto vieron, arrodillada, con las manos juntas y la cara vuelta hacia el altar, la imagen de una mujer bellísima.

---

apenas se ven los dedos de la mano you can hardly see your hand before your face
leña firewood
descargar golpes en la sillería del coro chop up the choir stalls
derramarse extenderse
finura cortesía
convendréis conmigo you will agree with me
asombro amazement

—¡Es verdad que es un ángel! —exclamó uno de ellos.
—¡Lástima que sea de mármol! —añadió otro.
—¿Y no sabéis quién es ella? —preguntaron algunos al capitán, que sonreía satisfecho de su triunfo.

—Recordando un poco del latín que en mi niñez supe, he conseguido, con gran dificultad, leer la inscripción de la tumba —contestó el joven—, y según ella, pertenece a un noble de Castilla, famoso guerrero que hizo la campaña con el Gran Capitán. Su nombre lo he olvidado; mas su esposa, que es la que veis, se llama doña Elvira de Castañeda, y por mi fe que si la copia se parece al original, debió ser la mujer más notable de su siglo.

Después de estas breves explicaciones, los convidados, que no perdían de vista el principal objeto de la reunión, procedieron a destapar botellas y, sentándose alrededor de la lumbre, empezaron las libaciones.

A medida que éstas se hacían más numerosas y frecuentes y el vapor del *champagne* comenzaba a trastornar las cabezas, crecían la animación y el ruido de los jóvenes. El capitán bebía en silencio y sin apartar los ojos de la estatua de doña Elvira. Iluminada por el rojizo resplandor de la hoguera, y a través del confuso velo que la embriaguez había puesto delante de su vista, le parecía que la imagen de mármol se transformaba a veces en una mujer real, que entreabría los labios como murmurando una oración. Los oficiales, que advirtieron la preocupación de su compañero, le presentaron una copa, exclamando:

—¡Vamos, brindad vos, que sois el único que no lo ha hecho en toda la noche!

El joven tomó la copa, y levantándose y alzándola en alto,

---

hizo la campaña campaigned
el Gran Capitán Gonzalo Fernández de Córdoba (1453-1515), famoso general español
debió ser she must have been
destapar to uncork
la lumbre hoguera
a medida que as

trastornar las cabezas make their heads swim
rojizo resplandor de la hoguera reddish light of the fire
la embriaguez drunkenness
entreabrir to half-open
brindad vos you propose a toast

dijo, poniéndose cara a cara con la estatua del guerrero arrodillado junto a doña Elvira:

—Brindo por el emperador, y brindo por la fortuna de sus armas, merced a las cuales hemos podido venir al corazón de Castilla a cortejar, en su misma tumba, a la mujer de un guerrero castellano.

Los militares aplaudieron esas palabras, y el capitán, tambaleándose, dio algunos pasos hacia la tumba.

—No —continuó, dirigiéndose siempre a la estatua del guerrero, y con esa sonrisa estúpida propia de la embriaguez—, no te tengo rencor alguno porque veo en ti un rival... al contrario, te admiro como un marido paciente, y quiero a mi vez ser generoso. No se ha de decir que te he dejado morir de sed viéndonos beber veinte botellas... ¡toma!

Y diciendo esto se llevó la copa a los labios, y después de humedecérselos con el vino que contenía, arrojó el resto a la cara de la estatua, riéndose al ver cómo caía gota a gota de las barbas de piedra del guerrero.

—¡Capitán! —exclamó uno de sus compañeros en tono de burla—. ¡Cuidado con lo que hacéis! Mirad que esas bromas con la gente de piedra suelen costar caras.

El capitán, sin hacer caso de sus palabras, continuó, siempre fijo en la misma idea:

—¿Creéis que yo le hubiera dado el vino a no saber que se tragaba al menos el que le cayera en la boca?... ¡Oh!... ¡no!...

---

brindar beber a la salud de alguien
el **emperador** Napoleón
merced a las cuales thanks to which
cortejar to pay court to
tambalearse to stagger
el **rencor** grudge
No se ha de decir Let it not be said
humedecérselos moistening them
gota a gota drop by drop

burla jesting
suelen costar caras are usually expensive (probably an allusion to Tirso de Molina's famous play, *El burlador de Sevilla y convidado de piedra* (1630), in which Don Juan Tenorio challenges the statue of a dead man, with disastrous results)
a no saber que se tragaba without knowing that he'd swallow

Yo no creo como vosotros que esas estatuas son un pedazo de mármol, sin vida hoy como el día en que lo arrancaron de la cantera. El artista, que es casi un dios, no logra hacer que su obra ande y se mueva, pero le da una vida incomprensible y extraña que yo no me explico bien, pero que la siento, sobre todo cuando bebo un poco.

—¡Magnífico! —exclamaron sus compañeros—. Bebe y sigue.

El capitán bebió, y fijando los ojos en la imagen de doña Elvira, continuó con una exaltación creciente:

—¡Miradla! ¡Miradla!... ¿No veis cómo se cambia el rojo de sus carnes delicadas y transparentes?... ¿No parece que por debajo de esa suave epidermis de alabastro circula un fluido de luz de color de rosa? ¿Queréis más vida?... ¿Queréis más realidad?...

—¡Oh! sí, seguramente —dijo uno de los que escuchaban—; quisiéramos que fuera de carne y hueso.

—¡Carne y hueso!... ¡Miseria!... —exclamó el capitán—. Yo he sentido en una orgía arder mis labios y mi cabeza; yo he sentido este fuego que corre por las venas como la lava de un volcán. Entonces el beso de esas mujeres materiales me quemaba, y las apartaba de mí con disgusto, con horror; porque entonces, como ahora, necesitaba beber hielo y besar nieve... besar una mujer hermosa y fría, como esa mujer de piedra... ¡Oh! sí... un beso... sólo un beso tuyo podrá calmar el ardor que me consume...

—¡Capitán! —exclamaron algunos de los oficiales al verle dirigirse hacia la estatua como fuera de sí— ¿qué locura vais a hacer? ¡Basta de broma, y dejad en paz a los muertos!

---

cantera quarry
no logra hacer que su obra ande y se mueva can't make his creation walk and move
exaltación creciente mounting excitement
las carnes flesh
quisiéramos que fuera de carne y hueso we would like her to be of flesh and blood
¡Miseria! A paltry thing!
arder to burn
como fuera de sí as if beside himself
Basta de broma Enough of joking

El joven ni oyó siquiera las palabras de sus amigos. Tambaleándose, llegó a la tumba y se acercó a la estatua; pero al tenderle los brazos lanzó un grito de horror. Arrojando sangre por ojos, boca y nariz, cayó desplomado, con la cara deshecha, al pie de la tumba. Los oficiales, mudos y espantados, ni se atrevían a dar un paso para ayudarle. En el momento en que su compañero procuró acercar sus labios ardientes a los de doña Elvira, habían visto al guerrero levantar la mano y derribarle con una espantosa bofetada de su guantalete de piedra.

---

cayó desplomado con la cara deshecha he fell prostrate, with his face crushed
espantar to terrify

derribarle con una espantosa bofetada de su guantalete de piedra strike him down with a terrible blow of his stone gauntlet

RESUMEN DEL ARGUMENTO

1. ¿En qué época tienen lugar los sucesos de este relato? 2. ¿En qué sitio? 3. ¿Qué ejército invadía a España? 4. ¿Dónde tenía que alojarse el capitán? 5. ¿Qué hizo antes de

mandar desmontar a su gente? 6. ¿Qué se veía en la iglesia? 7. Al día siguiente, ¿quiénes esperaban al capitán? 8. ¿Qué les contó éste acerca de la noche anterior? 9. ¿Por qué era sorda, ciega y muda la mujer que vio? 10. ¿A qué invitó el capitán a los compañeros? 11. ¿Qué pensaban hacer éstos? 12. Cuando llegaron, ¿cómo estaba el interior de la iglesia? 13. ¿Qué se hizo para conseguir luz y calor? 14. ¿Cómo era la imagen que señaló el capitán? 15. ¿De quién era? ¿Qué estatua estaba al lado de ella? 16. ¿Qué hacía el capitán durante la fiesta? 17. ¿A quiénes brindó? ¿A dónde arrojó el resto del vino? 18. ¿Por qué quería besar a doña Elvira? 19. ¿Qué le pasó cuando trató de acercar sus labios a los de ella? 20. ¿Qué vieron los otros en ese momento?

FORMAS Y SINTAXIS

[a] Reply to the statement with the plural imperative and attached pronoun object.

Queremos mirar (coger, seguir) el mono.
Pues miradlo (cogedlo, seguidlo).

1. Queremos comprar el juguete.
2. Queremos cortar el pan.
3. Queremos vender la casa.
4. Queremos traer la fruta.
5. Queremos leer los libros.
6. Queremos comer los dulces.
7. Queremos abrir los sobres.
8. Queremos servir las bebidas.
9. Queremos medir el cuadro.
10. Queremos cubrir la jaula.

[b] Make the verb plural.

Se olvida de todo.
Se olvidan de todo.
1. Se asusta de todo.
2. Se acuerda de todo.
3. Se aburre de todo.
4. Se apodera de todo.
5. Se ríe de todo.
6. No me atrevo a ir.
7. No me animo a ir.
8. No me dispongo a ir.
9. No me resigno a ir.
10. No me apresuro a ir.

COMPRENSIÓN DE MODISMOS

1. Tengo cita con un compañero de colegio.   2. A propósito de las citas, ¿qué hiciste anoche?   3. Cerrad el equipaje con llave.   4. No hay que hacer caso de eso.   5. Lástima que no anuncien la función.   6. No ofrecéis bastante.   7. No me intereso y no presto atención.   8. ¿Conseguiste abrir la botella?   9. Ese malcriado es semejante a un pariente mío.   10. Se disponen a empezar de nuevo.   11. Brindad, muchachos, a la salud de nuestros convidados.   12. Suelo caminar a pie.   13. Les gusta pasearse a la luz de la luna.   14. Ya que tenéis aventuras, contadlas.   15. Descansamos lo mismo que antes.

ORACIONES MODELO

Cuidado con lo que hacéis.
1. Be careful what you announce.
2. Be careful what you offer.
3. Be careful what you write.

A los cinco minutos dormía tranquilamente.
4. Half an hour later he was resting peacefully.
5. Three weeks later he was working peacefully.
6. Two years later he was living peacefully.

Dejad en paz a los muertos.
7. Leave the travellers alone.
8. Leave the relatives alone.
9. Leave the guests alone.

PALABRAS EN ACCIÓN

[a] Answer the question with a statement of opposite meaning.

¿Es lento el tren?
Al contrario, es rápido.

1. ¿Es incómodo el coche?
2. ¿Es débil el abuelo?
3. ¿Es semejante el traje?
4. ¿Es fino el joven?
5. ¿Es antiguo el busto?
6. ¿Está ausente el chico?
7. ¿Está húmedo el aire?
8. ¿Está dentro el gato?
9. ¿Está arriba el cuarto?
10. ¿Está alegre el soldado?

[b] Son muy conocidas las figuras de tres monos, sentados juntos, que se llaman "Hear No Evil, Speak No Evil, See No Evil". El primero se cubre las orejas con las manos. Es sordo. No oye nada malo.

¿Y el segundo?
¿Y el tercero?

[c] Rima

Tú, sombra aérea, que cuantas veces
voy a tocarte, te desvaneces
como la llama, como el sonido,
como la niebla, como el gemido
del lago azul.

GUSTAVO ADOLFO BÉCQUER

DISCUSIÓN

¿Qué cosas muestran que Bécquer era no sólo cuentista sino también poeta y artista? ¿Qué efectos de luz y sombra hay en "El beso"? ¿Qué cosas hacen que la estatua llegue a parecer una mujer real? ¿Qué es el fluido de rosa que el capitán cree ver? ¿Tienen igual importancia el argumento, el fondo y el carácter del protagonista? ¿Es simpático éste? ¿En qué es distinto de sus compañeros? ¿Por qué es importante esa diferencia? ¿Cómo muestran los sucesos del cuento la actitud de los franceses hacia los españoles? ¿Puede explicarse de una manera racional el desenlace del cuento? ¿Es éste más bien tradición, historia romántica, relato realista o estudio psicológico?

TEMAS

1. El capitán
2. Los compañeros del capitán
3. La diferencia entre el amor a una imagen sentido por el capitán y por el escultor de "La emperatriz de la China"
4. Cómo están relacionados el ambiente del cuento y el carácter del protagonista

Luis Coloma
(1851-1914)

LUIS COLOMA era hijo de una familia rica de Jerez de la Frontera, en el suroeste de España. Sus padres lo enviaron a Sevilla a estudiar leyes, pero algunas otras cosas que aprendió allí le resultaron ser de más importancia. En Sevilla conoció a Cecilia Böhl de Faber (quien usó el seudónimo Fernán Caballero), y aunque ella tenía cincuenta y cinco años más que él, los dos se hicieron buenos amigos.

Dos aspectos de la obra de Fernán Caballero habrían de influir mucho en la producción literaria de su joven amigo. Ella escribió *La Gaviota,* primera novela española de la vida moderna, reviviendo así una forma literaria casi abandonada desde los tiempos de Cervantes. También ella, primero que nadie, se interesó en el folklore español. Le encantaron el color y el vigor

---

resultaron ser proved to be
seudónimo nombre usado por un autor en vez del suyo verdadero

gaviota sea gull
primero que nadie before anyone else

de la vida del pueblo español. Recogió sus cuentos, coplas, proverbios y adivinanzas.

Luis Coloma era un joven alegre, de ingenio agudo. Encajó divinamente bien en los elegantes salones de Sevilla, donde su espíritu satírico encontró mucho de interés. Sin embargo, cierta cosa que le sucedió lo hizo volver el pensamiento a la religión: a la edad de veintitrés años entró en la Compañía de Jesús.

Pasaron diecisiete años antes de que el Padre Coloma predicara, en su novela *Pequeñeces* (1890), un sermón de que se habló por mucho tiempo. Era una sátira de la alta sociedad madrileña; pintaba a sus personajes con tanta exactitud que todo el mundo adivinaba o creía adivinar quién era quién. Ningún otro libro de la época dio lugar a tanta discusión.

Fuera de *Pequeñeces,* Coloma escribió una sola novela, *Boy* (1910), cuyo protagonista es un joven aristócrata. "¡Porrita, componte!", uno de los cuentos recogidos en *Cuadros de costumbres populares,* muestra el amor al folklore español que le debió a su amiga Fernán Caballero. Este relato vivo, que tiene el sabor del lenguaje popular, es de perenne y universal encanto.

---

agudo, -a sharp
encajar to fit
la Compañía de Jesús the Society of Jesus (a religious order)
predicar to preach
la **pequeñez** cosa de poca importancia
¡Porrita, componte! Little club, get ready!
cuadro escena
perenne que no se acaba nunca

¡PORRITA, COMPONTE!

LA NOTICIA DE QUE SEÑÁ JUANA iba a contar un cuento corrió con la rapidez de una chispa eléctrica, y todos los chiquillos de cuatro calles a la redonda acudieron al Corral de los Chícharos, donde tenía su casa la vieja. Ésta, sentada en la puerta, miró un momento al inquieto público, se rascó dos veces con la aguja de hacer calcetas, y poniendo de nuevo sus dedos en movimiento, comenzó así:

—Pues señor, había una vez un hortelano más pobre que las ratas, y con malísima estrella. Si sembraba melones, cogía pepinos; si plantaba lechugas, le nacían coles; y si se hace sombrerero, seguro está que nacen los chiquillos sin cabeza. Porque hay un santo en el cielo, que se llama San Guilindón, que sólo tiene por oficio bailar delante del trono de su Divina Majestad, gritando: "¡Denle más! ¡denle más!" Por eso una desgracia no viene nunca sola, ni una fortuna tampoco, sino que vienen muchas en hilera, como mulos de reata.

Pues, cuando llegaron las aguas de mayo, parecía la huerta un cementerio lleno de mala hierba. Sólo se había metido en medio una col, que regaba la hortelana con agua bendita. Los pimientos se secaron, los tomates se perdieron, y sólo la col crecía, crecía, sin vergüenza. Pasó el techo; subió más alto que la torre de la iglesia; se perdió, por último, en las nubes; y el viernes antes de San Juan tocaba ya con la puntita en la puerta del cielo.

---

señá señora
chispa spark
Corral de los Chícharos Pea Corral
se rascó... con la aguja de hacer calcetas scratched herself... with her knitting needle
poniendo de nuevo sus dedos en movimiento resuming her knitting
pepino cucumber
lechuga lettuce
la **col** cabbage
sombrerero persona que hace o vende sombreros
fortuna lucky break
en hilera, como mulos de reata in a row, like a string of mules
aguas de mayo spring rains
agua bendita holy water
secarse to dry up, die
San Juan fiesta popular del 24 de junio

Pues señor, de tanta dieta, le salieron al hortelano telarañas en la garganta, y la hortelana tenía ya las muelas mohosas. Llegó al fin un día en que aquellos infelices cumplieron veinticuatro horas sin comer nada, y el hortelano mandó a su mujer que arrancara la col y le guisara la punta. Señá Andrea puso el grito en el cielo, pero su marido cogió un palo y le dijo que la colgaría cabeza abajo de una penca si, a las doce en punto, no estaba hecho el plato y ellos comiendo. Así alcanzarían la bendición del Padre Santo de Roma, que todos los días la da a la campanada de las doce, ni minuto más ni minuto menos. Señá Andrea tuvo que meterse la lengua en un zapato y coger un hacha para echar abajo la col. Vio entonces que llegaba ya al cielo, y se le ocurrió de pronto subirse por ella y pedirle a San Pedro una limosnita.

Pensándolo estaba todavía y ya iba por la col arriba de penca en penca, hasta que llegó al cielo. No se usan por allí campanillas, y así llamó ¡tras! ¡tras! con los dedos de la mano. Se abrió el postiguillo de la puerta, y asomó San Pedro las narices.

—¿Qué se ofrece? —preguntó.

La señá Andrea comenzó a temblar al verse delante de aquel señor tan respetuoso, y dijo con mucha cortesía:

—Usted perdone, señó San Pedro; soy una pobre infeliz que no tiene nada que comer, y venía a pedir a su mercé la caridad de una limosna, por el amor de Dios.

---

dieta dieting
le salieron al hortelano telarañas en la garganta the gardener got cobwebs in his throat
mohoso, -a rusty
guisar to cook
puso el grito en el cielo yelled to high heaven
palo stick
penca (pulpy) leaf
campanada stroke
meterse la lengua en un zapato hold her tongue
hacha ax
echar abajo to chop down
limosnita little alms
Pensándolo estaba todavía She was still considering it
campanilla door bell
postiguillo peep window
asomó San Pedro las narices St. Peter stuck his nose out
¿Qué se ofrece? What can I do for you?
respetuoso, -a respectful
señó señor
su mercé your worship
caridad gift

San Pedro cerró de golpe el postiguillo sin decir palabra, y volvió a poco trayendo una mesita, que entregó a señá Andrea, diciendo:

—Toma, hija, esta mesita, y cuando tengas hambre, di: ¡Mesita, componte!...

—¡Dios se lo pague! —contestó señá Andrea, echando a correr de penca en penca hasta que llegó al suelo.

Como las mujeres somos tan curiosas, no tuvo paciencia para esperar la vuelta de su marido, y en cuanto soltó la mesa en el corral, dijo:

—¡Mesita, componte!

¡Hijos de mi alma, aquello era preciso verlo para creerlo! Porque apenas lo hubo dicho, apareció en la mesa una comida, como ni en los manteles del Rey se pone igual. Allí había pollo y conejo con tomate, y sardinas fritas, y bacalao, y de postres, arroz con leche y garbanzos tostados. Cuando llegó el hortelano, se dieron ambos una atraquina, y así comían todos los días sin más trabajo que soltar las palabrillas ¡Mesita, componte!...

Pues, pasaron así dos meses, poniéndose marido y mujer cada vez más gordos, y un día le dice el hortelano a señá Andrea:

—Mira, Andrea, no es regular que personas que comen tan bien como nosotros estén tan mal vestidas que no pueden asomar los bigotes a la calle. De manera que ahora mismo te subes por la col arriba, y le pides a San Pedro siete onzas, para comprar un traje de paño fino.

La mujer se resistió algún tiempo, pero al fin, de penca en penca, de penca en penca, se subió otra vez al cielo. San Pedro, sentado a la puerta, estaba tomando el sol y leyendo los papeles.

¡Dios se lo pague! May God repay you!
el mantel tablecloth
conejo rabbit
bacalao codfish
de postres for dessert
garbanzo chickpea
se dieron ambos una atraquina the two of them stuffed themselves
regular right
asomar los bigotes show their faces
De manera que So
onza doubloon

¡PORRITA, COMPONTE! 165

—¡Estás de vuelta!— exclamó al ver aparecer a la hortelana.
—No se enoje su mercé —replicó muy humildita señá Andrea—. Sólo venía a ver si me prestaba siete onzas, para comprar un traje de paño fino.
San Pedro la miró por encima de los espejuelos y se metió para dentro. A poco salió con una bolsa vacía.
—Toma, Mari-pidona —le dijo—, y cuando tengas apuros, di: ¡Bolsita, componte!...
—Dios se lo pague a usted y se lo...
—Anda, anda con viento fresco —le contestó San Pedro.
Señá Andrea se echó a correr por la col abajo como alma que lleva el demonio, y ella y su marido, que al pie de la col la esperaba, dijeron a la bolsa:
—¡Bolsita, componte!...
En seguida comenzaron a caer de la bolsa monedas de oro y plata, ni más ni menos que cuando llueve a chaparrones. Marido y mujer creyeron perder el juicio, y lo perdieron, en efecto, porque al día siguiente ya tenía hecho señá Andrea un vestido de tisú de oro, como el manto de la Virgen del Carmen, y señó Juan una levita con flecos de oro y plata, un bastón con borlas, como el del alcalde, y un sombrero de copa alta con siete plumas blancas. Compraron la casa del Ayuntamiento para vivir ellos solos, la forraron toda de papel dorado, y hasta los estropajos eran de hilillo de plata.
Cuando llegó el domingo, se fueron los dos muy pomposos a misa, en un coche que mandaron venir de Chiclana. Cuando

---

espejuelos spectacles
Mari-pidona Beggar-Mary
cuando tengas apuros when you are hard up
con viento fresco and the sooner the better
llueve a chaparrones it rains cats and dogs
perder el juicio lose their reason
levita frock coat
fleco fringe
un bastón con borlas, como el del alcalde a staff with tassels, like the mayor's
sombrero de copa alta top hat
casa del Ayuntamiento city hall
forrar to paper
estropajo mop
hilillo fine thread
Chiclana pueblo del suroeste de España

iban llegando a la iglesia, le dice el marido a la mujer:

—Andrea, ¿no repican las campanas?

—Creo que no, Juan.

—Pues, bien repican cuando viene el Obispo.

Al salir de la iglesia empezaron marido y mujer a tirar monedas a los chiquillos, pero éstos ya los conocían, y en cuanto recogían las monedas, echaban a correr, gritando:

*Doña Andrea Estropajo
hoy está boca arriba,
ayer iba boca abajo.*

Señá Andrea se puso furiosa, y apenas llegó a casa empezó a escribir una carta al Rey, para que mandara ahorcar a todos los chiquillos del pueblo; pero no la terminó, pues su marido la llamó para decirle:

—Mira, Andrea, no es regular que cuando va el Obispo a la iglesia le repiquen las campanas, y cuando vamos nosotros, que somos gente de tantos miles, no toquen ni una mala campanilla... De manera que ahora mismo te subes por la col, y le cuentas a San Pedro lo que pasa, para que ponga remedio.

Señá Andrea no se hizo repetir la cartilla, y comenzó a trepar col arriba. Se pone delante de San Pedro y le pide que mande ahorcar al cura, al sacristán y al monaguillo si no le repican las campanas como al Obispo.

San Pedro se metió la mano en el bolsillo sin decir palabra, y sacó una porrita como de un palmo de largo, ni más ni menos que el badajo de una campana.

---

repicar to ring
Doña... abajo Doña Andrea Mop, today she's right side up, yesterday she was upside down.
ahorcar to hang
no toquen ni una mala campanilla they don't ring even one dinkey little bell
para que ponga remedio so he can do something about it
no se hizo repetir la cartilla didn't have to be told twice
trepar to climb
al cura, al sacristán y al monaguillo the priest, the sexton, and the altar boy
como de un palmo de largo of about a palm's length
badajo clapper

—Toma esta porrita —le dijo—, y si no repican el domingo cuando vayáis a misa, di: ¡Porrita, componte!...

Llegó el domingo después del sábado, sin prisa ninguna, y marido y mujer se meten en su coche y se van para la iglesia, pero las campanas no repicaban. Señá Andrea, ya furiosa, saca la porrita, la levanta en alto, y dice:

¡¡Porrita, componte!!...

¡Nunca lo hubiera dicho, cristianos! Porque empieza la porrita a saltar en el aire, dando coscorrones de la cabeza del marido a la de la mujer y de la cabeza de la mujer a la del marido, sin parar hasta dejarlos medio muertos en la misma puerta de la iglesia. Lo cual fue castigo de su codicia y su ambición, porque aquella porrita no era otra cosa que la justicia de Dios. Como decía mi abuela (que esté en gloria), Dios ni come ni bebe, pero juzga lo que ve.

Y aquí se acabó mi cuento con pan y pimiento.

¡Nunca lo hubiera dicho, cristianos! Oh my friends, she should never have said it!
el coscorrón blow

codicia greed
que esté en gloria God rest her soul

RESUMEN DEL ARGUMENTO

1. ¿Quién cuenta esta historia? 2. ¿Quiénes acuden a oírla? 3. ¿Cómo se llamaban el hortelano y su mujer? 4. ¿Qué planta de su huerta creció mucho? 5. ¿Por qué mandó el hortelano que su mujer la guisara? 6. ¿Qué hizo ella al ver que llegaba al cielo? 7. ¿Con quién habló allí? 8. ¿Qué le pidió ella? 9. ¿Qué le entregó él? 10. ¿Qué dijo Andrea en cuanto llegó al suelo? 11. ¿Qué apareció en la mesita? 12. ¿Por qué no estaba contento Juan? 13. ¿Qué pidió Andrea al ver a San Pedro por segunda vez? 14. ¿Qué le entregó él? 15. ¿Qué palabras pronunciaron ahora los hortelanos? 16. ¿Qué pasó? 17. Ahora ¿por qué se enojó Juan? 18. ¿Qué le dio San Pedro a Andrea al verla por tercera vez? 19. ¿Qué dijo Andrea cuando no repicaban las campanas? 20. ¿Qué hizo entonces la porrita?

FORMAS Y SINTAXIS

[a] Reply to the command, using the infinitive after a form of **Ir a**.

Llame usted.
Voy a llamar.

1. Escuche usted.
2. Escuchen ustedes.
3. Calle usted.
4. Callen ustedes.
5. Responda usted.
6. Respondan ustedes.
7. Prometa usted.
8. Prometan ustedes.
9. Acuda usted.
10. Acudan ustedes.
11. Aplauda usted.
12. Aplaudan ustedes.

[b] Change the present subjunctive after **Lástima que** to the present indicative after **Es verdad que**.

Lástima que yo no baile.
Es verdad que yo no bailo.

Lástima que
1. yo no cante.
2. yo no lea.
3. yo no escriba.
4. tú no cantes.
5. tú no leas.
6. tú no escribas.
7. nosotros no cantemos.
8. nosotros no leamos.
9. nosotros no escribamos.
10. él no cante.
11. él no lea.
12. él no escriba.
13. ellos no canten.
14. ellos no lean.
15. ellos no escriban.

COMPRENSIÓN DE MODISMOS

1. La pobre se puso cada vez más gorda.   2. No se me ocurrió pedirte la llave.   3. A poco tuve que llamar de nuevo.   4. De manera que estás de vuelta.   5. Era preciso verlo para creerlo.   6. Ahora mismo te metes en el coche.   7. Dios se lo pague.   8. Tuve que ponerme los espejuelos.   9. Por eso una desgracia no viene nunca sola.   10. La criada se puso furiosa.   11. En cuanto me vieron se echaron a correr calle abajo.   12. Por allí es difícil conseguir empleo.   13. De postres hay queso y arroz con leche.   14. Tenía

vergüenza y se fue sin decir palabra. 15. No coma usted ni carne ni legumbres.

ORACIONES MODELO

Mandó a su mujer que guisara la col.
1. He ordered his wife to look for the rice.
2. He ordered his wife to prepare the meat.
3. He ordered his wife to wash the vegetables.

Se le ocurrió pedir una limosnita.
4. It occurred to me to ask for a job.
5. It occurred to us to ask for a guide.
6. It occurred to them to ask for a key.

No tiene nada que comer.
7. I don't have anything to do.
8. We don't have anything to say.
9. They don't have anything to sell.

PALABRAS EN ACCIÓN

[a] Give a sensible answer.

Las llaves, ¿son para puertas o ventanas?
Las llaves son para puertas.

1. Las limosnas, ¿son para ricos o pobres?
2. Los juguetes, ¿son para niños o ancianos?
3. Los espejuelos, ¿son para ojos o narices?
4. Los cuadros, ¿son para suelos o paredes?
5. Los nidos, ¿son para pájaros o perros?
6. Las cortinas, ¿son para techos o ventanas?

[b] Complete the statement as in the model.

Lo que no es cierto es ....
Lo que no es cierto es incierto.

1. Lo que no es cómodo es............
2. Lo que no es verosímil es............
3. Lo que no es puro es...............
4. Lo que no es probable es............
5. Lo que no es conveniente es.........
6. El que no es feliz es...............
7. El que no es útil es.................
8. El que no es quieto es...............
9. El que no es paciente es............
10. El que no es prudente es............

[c] Refranes

Hay dos proverbios españoles, "Entre col y col, lechuga" y "Bien vengas, mal, si vienes solo". ¿Cuál de ellos significa "It never rains but it pours"? ¿Cuál significa "Variety is the spice of life"?

[d] Copla

Tan alto quieres subir
que al cielo quieres llegar.
Lástima te tengo, niña,
del porrazo que has de dar.

DISCUSIÓN

¿Cuál es el carácter de cada uno de los hortelanos? ¿Cuál de ellos manda? ¿Cuál es más interesante? ¿Cómo se retrata a San

Pedro? ¿En qué consiste el humor del relato? ¿Cómo es el diálogo? ¿Qué conocidos cuentos folklóricos consisten de tres episodios? ¿En qué cuento folklórico hay una planta que crece hasta llegar al cielo?

TEMAS

1. La hortelana
2. El uso de la repetición en el cuento
3. En qué "Porrita, componte" es típico del cuento folklórico y en qué es distinto
4. El color y vigor de la vida del pueblo español vistos en "Porrita, componte"

Diego de Torres Villarroel
(1693-1770)

LA *VIDA* de Diego de Torres Villarroel, escrita en 1743, es la autobiografía de un hombre extraordinario que alegró a la España del siglo XVIII. Inquieto desde niño, nunca dejó de vivir con ánimo excepcional. Bailaba, tocaba la guitarra, toreaba, y con el mismo entusiasmo estudiaba astronomía, astrología y lo que en su tiempo pasaba por matemáticas.

Siguiendo la tradición de los pícaros ficticios, Torres tuvo un sinfín de aventuras y de ocupaciones. A la edad de veintiocho años se hizo famoso por sus Almanaques y Pronósticos, que siguió publicando anualmente bajo el título de *El Gran Piscator de Salamanca*. Profetizó la muerte de Luis I, que ocurrió dentro del

---

ánimo gusto
los pícaros ficticios protagonistas de la serie de novelas picarescas que comenzó con *Lazarillo de Tormes* (1554)
pronóstico predicción
el piscator almanaque con pronósticos meteorológicos
Salamanca ciudad del oeste de España. Su universidad fue fundada en el siglo XIII.
Luis I rey de España que subió al trono en 1724

mismo año; profetizó también la Revolución Francesa, que tuvo lugar treinta y tres años después.

Deseando ganarse el respeto de la gente por el estudio de las matemáticas, obtuvo un nombramiento temporario para enseñar esa extraña ciencia en la vieja Universidad de Salamanca, que fue a un tiempo, junto con Oxford, París y Bolonia, una de las grandes universidades del mundo, pero ya iba perdiendo brillo. Algunos años más tarde, después de hacer las oposiciones obligatorias, fue nombrado catedrático entre escenas de gran entusiasmo, tributo a la popularidad de lo que él llamaba sus "papeles" y a la originalidad y extravagancia de su personalidad.

Además de la *Vida,* parte de la cual se incluye aquí, Torres escribió biografías, comedias, coplas y otras poesías, a menudo satíricas. Habló con gran franqueza de sí mismo. Decía que a la gente le gustaba leer lo que él escribía, "no tanto por las sales como por las pimientas". Sus obras nos dan el autorretrato de un carácter fascinador. Él mismo decía: "La pobreza, la mocedad, lo ridículo de mis estudios, mis coplas, y mis enemigos me han hecho un hombre de novela."

---

nombramiento appointment
Bolonia Bologna (ciudad italiana)
hacer las oposiciones obligatorias taking the competitive oral examinations that were required
autorretrato retrato que hace el artista de sí mismo
mocedad juventud

EL CATEDRÁTICO ALEGRE

YO NACÍ EN UNA CASA PEQUEÑA del barrio de los libreros de la ciudad de Salamanca. A los cinco años, mis padres me pusieron la cartilla en las manos, y con ella me clavaron en el corazón el miedo al maestro y el horror a la escuela. En este Argel estuve hasta los diez años, durante los que hice bastantes travesuras. Tuvo mucha culpa de ellas un bárbaro vecino de la casa de mis padres. Este bruto dio en decirme que yo era el más guapo y el más fuerte entre todos los niños del barrio. Azuzábame, como a los perros, contra los otros muchachos, ya iguales, ya mayores, y aun me llevaba a pelear a otros barrios. Así que todos los vecinos no tardaron en darme el apodo de *piel del diablo*.

Salí de la escuela, y pasé a las aulas de la gramática latina, donde empecé a tropezar con nominativos y verbos. Mi conductor en los preceptos de Antonio de Nebrija fue don Juan González de Dios, sabio en la gramática latina, griega y castellana. Para que yo aprovechara el tiempo, mis padres me entregaron totalmente a su cuidado, poniéndome en el pupilaje de su casa. Tragué durante tres años sus lecciones, consejos y avisos, y salí bueno de costumbres y medianamente robusto en la gramática latina.

Pasé luego al colegio de Trilingüe, donde me vistieron una

---

cartilla primer
En este Argel es decir, cautivo, como Cervantes
hice bastantes travesuras I played plenty of pranks
bárbaro, -a stupid
Azuzábame, como a los perros, contra los otros muchachos He sicced me on the other boys, as one sics dogs
apodo nickname
piel del diablo limb of Satan
Salí de la escuela es decir, la escuela elemental
aulas de la gramática latina grammar school

tropezar con to run into
nominativo noun
el conductor guide
Antonio de Nebrija humanista que publicó en 1492 la primera gramática de la lengua castellana
poniéndome en el pupilaje de su casa sending me to live at his house
bueno de costumbres well behaved
medianamente robusto fairly strong
colegio de Trilingüe academy of three languages

beca de Retórica, que mi padre alcanzó de la Universidad. Yo tenía trece años cuando empecé la vida de colegial. Huyendo muchos días del aula, y no trabajando ninguno, llegué arrastrado hasta las últimas cuestiones de la Lógica. Luego no volví a ver libro ninguno de los que se usan en las universidades. No leí más que novelas, comedias y libros de romances. Sólo asistí a la cátedra de Retórica, obligado por la beca y por la lástima que sentía por mis pobres padres.

Era el catedrático de Retórica el doctor don Pedro de Samaniego de la Serna. Los que han conocido al maestro y han tratado al discípulo podrán imaginar lo que él me pudo enseñar y yo aprender. Recuerdo que él siempre nos leía por cierto libro castellano, y éste se le perdió una mañana viniendo a la escuela. Puso varios carteles ofreciendo premio al que se lo devolviera. El libro no apareció, con que quedamos sin arte y sin maestro, gastando la hora de la cátedra en conversaciones y pasatiempos inútiles.

Los años iban dándome fuerza y atrevimiento para toda clase de travesuras, diversiones y disparates. Aprendí a bailar, a usar la espada, a jugar a la pelota, a torear, a hacer versos. Me acompañaban siempre unos amigos forasteros y un amigo íntimo de mi propio país. En todo lo que tenía aire de locura nos hallábamos unidos. Hicimos compañía con los toreros, y pasamos muchos días en los viajes. Por la noche yo era el primero convidado a los bailes, los saraos y las bodas de la gente alegre. Entretenía

---

me vistieron una beca they gave me a scholarship (the **beca** was a sash worn over the academic gown)
el colegial student
llegué arrastrado hasta I was dragged as far as
cátedra class
tratar to deal with
nos leía por cierto libro castellano Most teaching consisted of reading aloud and explaining a book
los disparates nonsense.
unos amigos forasteros Salamanca had as many as 7000 students from all over Europe.
sarao (evening) party
bodas de la gente alegre weddings of the lively crowd, or "swingers"

a los invitados con una variedad de tonterías. En una sola noche me disfrazaba de vieja, de borracho, de sastre, de sacristán, de sopón. Representaba versos que yo componía. Daba funciones de títeres. Acompañaba con la guitarra un gran número de canciones graciosas y danzaba, ya con las castañuelas, ya con la guitarra, con ligereza y con aire que ninguno de los muchachos pudo imitar. Finalmente, yo olvidé la gramática y la lógica, pero salí gran danzante, buen torero, mediano músico y logrado pícaro.

Gasté cinco años en el colegio. Al fin de ellos volví a la casa de mis padres, pero allí no hice más que aburrirme. Una tarde que quedé solo en casa, tomé una camisa, el pan que cabía debajo del brazo izquierdo, y doce reales. Luego salí y marché a Portugal a buscar la vida.

Llegado a Portugal, me ocupé en varias cosas. Pasé cuatro meses cuidando una ermita: encendía la lámpara, barría el suelo, y cuidaba del burro del ermitaño. Después, caminando a pie y sin dinero, llegué a la famosa Universidad de Coimbra. Allí, confiado en las lecciones del arte de danzar, que había tomado en Salamanca, y en unas recetas de un médico francés que tenía en la memoria, me presenté como químico y maestro de danzar. Más tarde pasé a la ciudad de Oporto, donde me alisté en el regimiento de los ultramarinos. Trece meses estuve bastante contento. Mi capitán me quería mucho, y me parece que hubiera continuado esta honrada carrera si no me hubieran arrancado de ella las persuasiones de unos toreros, hijos de Salamanca, que

---

de vieja, de borracho, de sastre, de sacristán, de sopón as an old woman, a drunk, a tailor, a sexton, a beggar
daba funciones de títeres I gave puppet shows
el aire step
mediano músico y logrado pícaro a passable musician and an accomplished rogue
el real moneda antigua de plata
ermita habitación de un **ermita-**

ño (hermit)
barrer to sweep
Coimbra ciudad del centro de Portugal (su famosa universidad fue fundada en 1540)
receta prescription
químico druggist
Oporto puerto del noroeste de Portugal
ultramarinos soldados del otro lado del mar

volvían allí. Deseando ver otra vez a mis padres y mi patria, me quité el uniforme de soldado, me puse el traje de torero, y todos juntos tomamos el camino de Castilla. Antes de entrar en Salamanca, dejé a mis compañeros y me puse la ropa de estudiante. Mis padres me recibieron con alegría, y yo me eché a sus pies, con propósitos de no darles más disgustos.

En Salamanca empecé una vida retirada. Leía, para matar el tiempo, tal cual librillo de la tienda de mis padres. Especialmente me deleitó un tratado de la esfera, que fue la primera noticia que tuve de que había ciencias matemáticas en el mundo. También leí la Astronomía y la Astrología. Buscaba en las librerías más viejas autores enteramente desconocidos. Así, sin director y sin instrumento alguno de los indispensables en las ciencias matemáticas, iba aprendiendo algo de estas útiles y graciosas disciplinas.

Para ser respetado por mi trabajo, pedí a la Universidad la substitución de la cátedra de matemáticas, que estuvo sin maestro treinta años y sin enseñanza más de ciento cincuenta. Leí y enseñé dos años a bastante número de discípulos. Sin embargo, los que exageraban mi juventud y mi genio festivo iban poniéndome inquieto e insolente. Ahora me acuerdo que, saliendo una tarde del aula de Teología, le dije a un reverendo padre y doctor:

—Y bien, reverendísimo, ¿es ya *lumen gloriae tota ratio agendi*, o no? ¿Dejaron decidida las patadas y las voces esa viejísima cuestión?

—Vaya en hora mala —me respondió—, que es un loco.

—Todos somos locos, reverendísimo —respondí yo.

---

tal cual this or that
tratado de la esfera treatise on the sphere
substitución de la cátedra substitute professorship
mi genio festivo my frivolity
reverendísimo your reverence
¿es ya *lumen gloriae tota ratio agendi*...? is the light of glory still the sole reason for action...? (a parody of the questions that then occupied scholars)
¿Dejaron decidida las patadas y las voces esa viejísima cuestión? Was this old question decided by stamping and shouting? (Torres is ridiculing the establishment of religious truth by acclamation.)
Vaya en hora mala Go to the devil

Y mientras él volvió a reprenderme, estaba yo anudándome a los pulgares unas castañuelas debajo de mi manto y, sin decirle palabra, empecé a bailar, saltando alrededor de él, hasta que, gritando, se refugió en otra aula que encontró abierta.

Ya cansado de pelear con mis enemigos y de ver a mis padres afligidos con mis malas costumbres, determiné dejar para siempre a Salamanca y buscar en Madrid más quietud y el remedio para la pobreza de mi casa. Llegué a la corte y alquilé media cama en uno de los casarones de la calle de la Paloma. Compré un candelero de barro y una vela, que me duró más de seis meses porque casi siempre me acostaba a oscuras, y las veces que la encendía me alumbraba tan brevemente que más parecía luz de relámpago que iluminación artificial. Añadí un cántaro, que llenaba de agua en la fuente vecina, y un par de cuencas, las que arrebañaba de tal manera después de comer que jamás fue necesario lavarlas. Padecí unas horribles hambres; huía a las horas de almorzar y de cenar de las casas donde me estimaban porque me parecía ignominia ponerme, hambriento, delante de sus mesas. Sin embargo, en una de estas casas, el refresco de la tarde me aseguraba una taza de chocolate que me servía de alimento todo el día. Con esta ayuda y con el desayuno que hallé después en casa de don Agustín González, médico de la real familia, me las arreglé algún tiempo.

Este famoso médico, viéndome sin ocupación alguna, me aconsejó que estudiara medicina, y me invitó a estudiar y comer en su casa. Salí médico en treinta días, tiempo que tardé en poner todo el arte en la memoria. Creo que lo penetré con más facilidad

---

reprender to rebuke
anudándome a los pulgares unas castañuelas knotting a pair of castanets to my thumbs
alquilar to rent
el **casarón** casa grande y ruinosa
a oscuras in the dark
luz de relámpago streak of lightning

cántaro jug
un par de cuencas, las que arrebañaba de tal manera a couple of bowls which I scraped so clean
padecer sufrir
ignominia deshonra
refresco refreshment
me las arreglé I managed

que todos los médicos de España, porque para comprenderlo es indispensable conocer la Geometría y sus figuras. Sin embargo, el saber yo la medicina, y darme cuenta de sus obligaciones, me asustó tanto que hice promesa a Dios de no practicarla, menos en casos de necesidad.

Ya mi imaginación inquieta me tenía buscando nuevas tareas, diversiones y destino. Pensaba unas veces en salir a ver mundo, otras en meterme fraile, y algunas en volverme a mi casa. Por aquel tiempo me puso en peligro la compañía de un clérigo contrabandista que introducía, sin licencia del rey, tabaco, azúcar y otras cosas prohibidas. Él me rogó que lo acompañara, ofreciéndome la mitad de lo que ganara y, para salir de Madrid, armas, caballo y capote. Yo, sin pararme a considerar el riesgo, le di la palabra de seguirle y ayudarle. Pero la misericordia de Dios, por el medio más raro que puede imaginarse, me libró de la cárcel adonde fue a parar mi amigo.

Ya estaba yo esperando el día en que había de partir con mi clérigo contrabandista, cuando encontré en la calle de Atocha al capellán de su excelencia la señora condesa de los Arcos. Él venía sin color en el rostro, hablando como un enfermo con el frío de la calentura. Me dio a entender que me venía buscando para que aquella noche acompañara a la señora condesa, que estaba horriblemente afligida con un tremendo y extraño ruido que tres noches antes había resonado en todas partes de la casa. Me ponderó el miedo que tenían todos los criados, y añadió que su ama tendría mucho consuelo en verme. Prometí ir a besar sus pies, muy alegre porque dudaba que yo tuviera miedo y sabía que aquella noche tendría una buena cena.

---

meterme fraile becoming a monk
clérigo contrabandista clerical smuggler
riesgo peligro
misericordia mercy
fue a parar landed

el capellán chaplain
con el frío de la calentura with chills and fever
ponderar to make much of
a besar sus pies to pay my respects

Llegó la noche; fui a la casa. Me llevaron hasta el gabinete de su excelencia, donde la hallé rodeada de sus criadas, todas tan pálidas y mudas que parecían estatuas. Yo cené con apetito a las diez. A esta hora empezaron los lacayos a sacar las camas de las habitaciones de los criados y tenderlas en el salón, donde todos iban a acostarse para sufrir en compañía el horroroso ruido que esperaban. Apiñaron en el salón catorce camas, en las que iba metiéndose todo el mundo. Yo me apoderé de una silla, puse a mi lado un hacha de cuatro mechas y un espadín mohoso y, sin acordarme de cosa de esta vida o la otra, empecé a dormir con admirable serenidad.

A la una de la noche empezó el ruido. Gritaron los que estaban empanados en el pastelón de la pieza. Yo desperté en seguida y oí golpes vagos en diferentes sitios de la casa. Subí con mi luz y mi espadín a los desvanes y azoteas, y no encontré ni fantasmas ni cosa racional. Volvieron a repetirse los golpes; yo volví a examinar el sitio donde presumí que podían tener su origen, y esta vez tampoco pude descubrir la causa. El descomunal estruendo continuaba, de cuarto en cuarto de hora, hasta las tres y media de la mañana.

Once días estuvimos escuchando a las mismas horas los horrorosos golpes. La última noche, a la repetición de unos pequeños golpecillos que sonaban sobre el techo del salón, subí yo, como lo hacía siempre, ya sin el espadín. Al llegar a un largo corredor, se me apagaron las cuatro mechas del hacha y también, en el mismo instante, las dos lamparillas que alumbraban los extremos

---

el gabinete boudoir
lacayo lackey
apiñar to cram
hacha de cuatro mechas heavy wax candle with four wicks
espadín mohoso rusty rapier
el ruido The countess and her household were no doubt suffering from the antics of a poltergeist, a ghost or spirit supposed to manifest its presence by noises, knockings, etc.
empanados en el pastelón de la pieza crammed into the room like filling in a meat pie
desvanes y azoteas attics and rooftops
descomunal estruendo terrific din
de cuarto en cuarto de hora every quarter hour

del corredor. Inmediatamente, al quedar yo en la oscuridad, retumbaron cuatro golpes tan tremendos que me dejaron sordo. Inmóvil, y sin uso de la lengua, me tiré al suelo y, andando en cuatro pies, pude encontrar la escalera y bajar al patio, donde metí la cabeza en el agua de una fuente. Luego entré en el salón y vi a todos abrazados unos con otros, creyendo que les había llegado la hora de su muerte.

Al día siguiente su excelencia y su familia se mudaron a una casa de la calle de la Pez. Ella me estaba tan agradecida que me obligó a quedar con ellos, ofreciéndome comida, vestido, habitación, libertad, y su protección. Acepté, y en seguida fui a rogar a mi clérigo contrabandista que me soltara la palabra que le había dado de ser compañero en sus peligrosas aventuras.

Estuve dos años en casa de la condesa, luego fui a vivir a la del señor marqués de Almarza, con la misma comodidad. Vivía bien, leyendo las cosas que me gustaban y escribiendo algunos papelillos, almanaques y pronósticos, que tiraba al público para ir conociendo la buena o mala cara con que los recibía.

Entonces vino a ser presidente del Real Consejo de Castilla el ilustrísimo señor Herrera, Obispo de Sigüenza. Me llamó a su casa y me predicó un poco, aunque con cariño. Me dijo que parecía mal un hombre libre, sin destino y sin otra ocupación que la de escribir cosas para atontar al vulgo. Me aconsejó que volviera a tomar el honrado camino de los estudios, y que me retirara a mi país a leer a una cátedra de la Universidad. Le prometí volver a mi patria y oponerme a cualquiera de las siete

---

retumbar to thunder
Inmóvil y sin uso de la lengua Paralyzed and speechless
andando en cuatro pies on all fours
que me soltara la palabra to release me from the promise
tiraba al público I tossed to the public
la buena o mala cara con que los recibía if it gave them a good or bad reception
Sigüenza ciudad del centro de España
atontar al vulgo stupefy the rabble
a leer a una cátedra to teach in a department
oponerse a to take competitive examinations for

cátedras raras que entonces estaban vacantes. Besé su mano, me echó su bendición, y partí asustado y agradecido, lleno de confusiones y esperanzas.

Llegado a Salamanca, determiné leer a la cátedra de Matemáticas. Salió a la misma cátedra otro opositor, de más edad que yo, que esperaba ganarla a causa de su moderación y a la vista de mis escándalos. Trabajaron mucho mis enemigos, ponderando ya las virtudes del uno, ya los vicios del otro. Tomé puntos la víspera de Santa Cecilia del año mil setecientos veintiséis. De los tres elegí el segundo, el movimiento de Venus en el Zodíaco, que había de explicar el día siguiente, al cumplir las veinticuatro horas del término fijado por las leyes de la Universidad.

A las nueve de la mañana, con algún miedo, marché a las escuelas mayores. Ya estaban las barandillas ocupadas de los caballeros y graduados del pueblo, y los bancos centrales tan llenos que no cabía una persona más. Los rectores de las comunidades mayores y menores y sus colegiales estaban en pie en los vacíos que encontraron. El auditorio sería de tres o cuatro mil personas; y los distantes, que no podían oír ni aun ver, otros tantos. Nunca se vio en aquella universidad un concurso tan numeroso y tan vario.

Subí a la cátedra, en la que tenía una esfera armilar, compases, lápiz, reglas y papel. Luego que sonó la primera campanada de las diez, me levanté y sin más preliminares que la señal de la cruz y unos versos en honor a Santa Cecilia, empecé a explicar el punto que había elegido. Cuando concluí la hora, sin angustia,

---

cátedras raras chairs in little known subjects
el opositor competitor
mis escándalos mi mala conducta
tomé puntos I received the topics (on one of which he was to speak)
víspera de Santa Cecilia 21 de noviembre
las escuelas mayores las de la universidad
barandilla railing

el rector superior de una escuela o universidad
comunidad profesores y alumnos de una misma escuela
auditorio audience
cátedra especie de púlpito desde donde el profesor da lección a los alumnos
esfera armilar armillary sphere (globe made of rings representing circles of the celestial sphere)

resonaron repetidos vítores y aplausos que duraron casi un cuarto de hora. En la proposición de títulos y méritos, que es costumbre hacer, mezclé algunos chistes, que el auditorio recibió con igual gusto y aplauso. Finalizó el acto, volvieron a sonar los vítores, y continuando con ellos muchísimos estudiantes me llevaron sobre los brazos hasta mi casa.

Pasados tres días, tuvo su ejercicio mi opositor, pero él habló fuera de los puntos: había de hablar de los eclipses de la luna, pero hizo toda su lección sobre la tierra, disputando de su redondez, magnitud y estabilidad. Llenó su hora, y quedó el auditorio en un profundo silencio.

Faltó el examen de las facultades en el claustro pleno. Votaron sesenta y tres graduados, y tuve en mi favor sesenta y uno. Mi opositor tuvo un voto, y el otro se encontró arrojado de la caja. Estaban las escuelas y las calles vecinas rodeadas de estudiantes esperando con impaciencia la resolución de la Universidad. Luego que la declaró el secretario, soltaron las campanas en las iglesias, echaron muchos cohetes al aire, y me acompañó hasta mi casa una multitud de personas de todas clases.

A la noche siguiente salió a caballo un tropel de estudiantes, hijos de Salamanca, iluminando con hachones y otras luces un cartel en que iba escrito con letras de oro sobre campo azul mi nombre, mi apellido, mi patria y mi nuevo título de catedrático. Pusieron luminarias aun los vecinos más miserables, y por todos los barrios resonaban música y vítores.

Empecé la nueva vida de catedrático enseñando con quietud,

---

el vítor hurrah
la proposición de títulos y méritos statement of titles and qualifications
Finalizó el acto The ceremony ended
fuera de los puntos off the subject
disputar de to argue about
en el claustro pleno in full assembly
caja ballot box
echaron muchos cohetes al aire they shot off a lot of rockets
el tropel mass
el hachón torch
luminaria luz que se pone en balcones, ventanas y calles en señal de fiesta

seriedad y cariño a un gran número de oyentes. Vinieron a mi cátedra, quizá, presumiendo que entre las lecciones matemáticas yo había de meter algunas coplas y otras cosas graciosas como las que leían en mis papeles. No sé si fue por esto o por el deseo de probar los principios de un estudio tan misterioso, temido y olvidado. Sólo sé que, en la hora en que yo explicaba, veía mi aula llena de curiosos, aunque los que seguían el curso siempre fueron pocos.

Nunca se oyeron en mi aula las bufonadas y gritos con que continuamente están molestando a los demás catedráticos los discípulos malcriados. A los míos les advertí que permitiría todas las preguntas que me quisieran hacer sobre los asuntos de la tarde. Pero también les dije que yo no era catedrático tan paciente y sufrido como mis compañeros; que al que quisiera ser fresco, le rompería la cabeza.

Un salvaje perezoso, hombre de treinta años, cursante en Teología y en poca vergüenza, me soltó una tarde un chiste sucio. Como respuesta le solté a los hocicos un compás que pesaba tres o cuatro libras. Por su fortuna y la mía, bajó rápidamente la cabeza. Este incidente les dio a los oyentes y mirones tal miedo reverencial que de allí en adelante nadie volvió a propasarse conmigo.

---

los que seguían el curso those who took the course
bufonada wisecrack
sufrido, -a long-suffering
cursante en Teología y en poca vergüenza a student of theology and shamelessness
le solté a los hocicos I threw at his face
por su fortuna y la mía fortunately for him and for me
bajó rápidamente la cabeza he ducked
el mirón onlooker
propasarse to take liberties

RESUMEN DEL ARGUMENTO

1. ¿En qué ciudad nació Torres? 2. ¿Por qué peleaba con los muchachos? 3. ¿Qué estudió después de salir de la escuela elemental? 4. ¿Qué beca consiguió en el colegio de Trilingüe? 5. ¿Qué cosas aprendió durante la vida de colegial? 6. ¿A qué país fue a buscar fortuna? 7. ¿Qué carreras ejerció allí? 8. ¿Con quiénes volvió a Salamanca? 9. ¿Qué estudios empezaron a interesarle? 10. ¿Qué nombramiento temporario consiguió? 11. ¿Por qué fue a Madrid? 12. ¿Cómo vivió allí? 13. ¿Cuánto tiempo tardó en hacerse médico? 14. ¿Qué cosas lo hicieron famoso? 15. ¿Quién le aconsejó que volviera a Salamanca? 16. ¿Qué tuvo que hacer para hacerse catedrático? 17. ¿Por qué venció a su rival? 18. ¿Cómo se celebró su victoria? 19. ¿Por qué venían a su aula muchos oyentes? 20. ¿Qué hizo cuando un estudiante lo molestó?

FORMAS Y SINTAXIS

[a] Change from past to present sequence.

Me rogó que cenara.
Me ruega que cene.

1. Me rogó que estudiara.
2. Me rogó que esperara.
3. Me rogó que viajara.
4. Me rogó que trabajara.
5. Me rogó que volara.
6. Me mandó que entrara.
7. Me mandó que llamara.
8. Me mandó que hablara.
9. Me mandó que jurara.
10. Me mandó que quedara.

[b] Change the imperfect subjunctive after **Dudaban** to the imperfect indicative after **Sabían**.

Dudaban que él continuara la carrera.
Sabían que él continuaba la carrera.

Dudaban que él
1. enseñara griego.
2. desayunara fuera.
3. almorzara en casa.
4. lavara el coche.
5. pintara paisajes.
6. comprara la casa.
7. aprovechara el tiempo.
8. peleara con ustedes.
9. gastara demasiado.
10. acabara el trabajo.

COMPRENSIÓN DE MODISMOS

1. Se me apagaron las lámparas. 2. Ella me rogó que la acompañara. 3. No tengo inconveniente en poner unos carteles. 4. Con que piensas estudiar leyes. 5. Los colegiales ocupaban diez bancos. 6. Dieron en hacer un sinfín de tonterías. 7. Ella trataba a los discípulos con cariño. 8. De allí en adelante no jugamos a la pelota. 9. No me daba cuenta del peligro. 10. Con orgullo se puso el traje de torero. 11. Todos partieron con tristeza. 12. Empecé enseñando gramática griega. 13. A causa de la oscuridad bajamos con cuidado. 14. Ya hablaban con forasteros, ya con amigos íntimos. 15. Dije que aceptaba la beca y estaba agradecido.

ORACIONES MODELO

Me aconsejó que estudiara medicina.
1. He advised me to study law.

2. He advised me to study Greek.
3. He advised me to study mathematics.

Mis padres me recibieron con alegría.
4. My parents received me affectionately.
5. My parents received me proudly.
6. My parents received me sadly.

No cabía una persona más.
7. There wasn't room for one more student.
8. There wasn't room for one more poster.
9. There wasn't room for one more bench.

PALABRAS EN ACCIÓN

[a] Complete the sentence with the reflexive verb that corresponds to the subject.

Hay sufrimiento cuando......
Hay sufrimiento cuando se sufre.

1. Hay movimiento cuando............
2. Hay pensamiento cuando............
3. Hay sentimiento cuando............
4. Hay atrevimiento cuando............
5. Hay agradecimiento cuando......
6. Hay esperanza cuando............
7. Hay enseñanza cuando............
8. Hay tardanza cuando...............
9. Hay confianza cuando............
10. Hay matanza cuando...............

[b] Nombres

Un apellido es un nombre de familia. Un apodo es un chiste o una expresión graciosa que se usa para una persona. Un nombre de pila es el que se le da a la criatura cuando es bautizada. Un seudónimo es un nombre falso con que un autor esconde el suyo verdadero.

¿Cuáles son los apellidos de Diego de Torres Villarroel? ¿Cuál es su nombre de pila? ¿Qué apodo le dieron los vecinos cuando era muchacho? ¿Es seudónimo Fernán Caballero? ¿Washington Irving? ¿Mark Twain? ¿Miguel de Cervantes?

DISCUSIÓN

¿Era persona admirable Torres? ¿Qué cosas tomaba en serio? ¿Tenía mucha reverencia por las cosas tradicionales? ¿Se interesaba mucho en otras personas? ¿Son caricaturas algunos de los retratos que nos pinta? ¿En qué partes de la narración hay humor? ¿Qué detalles concretos le prestan realismo? ¿Cuál es la más dramática de las escenas? ¿Qué diferencias hay entre la vida de estudiante en el siglo XVIII y hoy? La novela picaresca clásica no tiene trama: no es más que una serie de episodios. ¿Es así la *Vida* de Torres Villarroel?

TEMAS

1. Torres Villarroel: "hombre de novela"
2. La vida universitaria española del siglo XVIII
3. En qué Torres parece y no parece ser hombre de nuestro tiempo
4. Elementos picarescos en la *Vida*

Ana María Matute
(n. 1926)

ANA MARÍA MATUTE es catalana: nació y se crió en Barcelona, aunque, debido al negocio del padre, la familia vivía parte del año en Madrid. Lo que les impresionaba a los niños aun más era la temporada veraniega que pasaban en una alta sierra de Castilla la Vieja, en una finca que pertenecía a la familia de su madre. Allí Ana María, que escribía cuentos desde que tenía cinco años, oía de los labios de su abuela las historias tradicionales que han encantado a los niños desde que el mundo es mundo.

Durante el tiempo que pasaron en la montaña, la chica y sus hermanos llegaron a conocer bien la vida de la aldea que ella había de usar como fondo a sus *Cuentos de la Artámila* (1961), colección que incluye "El río". Hay elementos de realismo en estos cuentos, pero los transforma la emoción de la niña

---

catalán, -a de Cataluña, región del nordeste de España
la temporada veraniega summer season
Castilla la Vieja región del centro de España
finca farm, estate
desde que el mundo es mundo from the beginning of time

imaginativa (la autora misma) que presenciaba escenas como las que pinta.

En la obra de Ana María Matute predominan dos temas: la guerra y los niños. El horror de la guerra civil española (1936-1939), que estalló cuando ella tenía sólo diez años, dejó en ella y en todos los niños de su generación indeleble impresión. Esta guerra le sirve de fondo a la trilogía de novelas titulada *Los mercaderes,* la cual empieza con *Primera memoria* (1961) y continúa con *Los soldados lloran de noche* (1964), terminando con *La trampa* (1969).

Estas y otras novelas de Ana María Matute le han ganado muchos premios y han sido traducidas a veinte idiomas. Sin embargo, su obra maestra es, quizá, un librito de cuentecillos poemáticos titulado *Los niños tontos* (1956). Ella no trata a los niños con sentimentalismo. Los pequeños personajes de estos y otros cuentos suyos no son siempre buenos o inocentemente picarescos. La inconsciente crueldad infantil en algunas de estas historias nos deja fríos y asustados. A muchos de los niños, como al joven protagonista de "El río", los dominan pasiones violentas: el odio, la envidia, la cólera, la desesperación. Estos niños son los que nos conmueven más.

---

presenciar to witness
estallar to break out
trampa trap
poemático, -a poetic

odio hatred
cólera anger
conmover to touch

EL RÍO

DON GERMÁN ERA UN HOMBRE bajo y grueso, de cara colorada y ojos encendidos. Hacía bastantes años ejercía de maestro en el pueblo, y se decía de él que una vez mató a un muchacho de una paliza. Nos lo contaron los chicos en los días fríos de otoño, sentados junto al río, con el escalofrío de la tarde en la espalda, mirando hacia la montaña de Sagrado, por donde se ponía el sol.

Era ésa la hora de las historias tristes y miedosas, tras los bárbaros juegos de la tarde, del barro, de las piedras, de las persecuciones y las peleas. A medida que se acercaba el frío se acrecentaban los relatos tristes y las historias macabras. Nos habíamos hecho amigos de los hijos de Maximino Fernández, el aparcero mayor de los Bingos. Los hijos de Maximino Fernández acudían a la escuela en el invierno y a la tierra en el verano. Solamente en aquellos primeros días de octubre, o a finales del verano, tenían unas horas libres para pelearse o jugar con nosotros. Ellos fueron los que nos hablaron de don Germán y de sus perrerías. Sobre todo el segundo de ellos, llamado Donato, era el que mayor delectación ponía en estas historias.

—Todo el día anda borracho don Germán —decía—. Se pasa la vida en la taberna, dale que dale al vino. En la escuela todo se llena del olor del tinto, no se puede uno acercar a él... Y de repente se pone a pegar y a pegar a alguno. A mí me coge tal que así —se cogía con la mano derecha un mechón de cabellos en la frente— y me levanta en el aire, como un pájaro.

---

encendido, -a inflamed
de una paliza with a beating
persecución chase
se acercaba el frío it grew chilly
acrecentarse to multiply
macabro, -a horrible
aparcero tenant
los Bingos dueños de tierras vecinas
a finales hacia el fin
perrería dirty trick
que mayor delectación ponía who took the most delight
borracho, -a drunk
dale que dale al vino drinking and drinking
tinto vino rojo
tal que así like this
el mechón lock

Decían muchas cosas de don Germán. Le tenían miedo y un odio muy grande, pero a través de todo esto se les adivinaba una cierta admiración. Don Germán, según ellos, mató a un muchacho de la aldea, a palos. Esta idea les dejaba serios y pensativos.

Aquel año se prolongó nuestra estancia en el campo más que de costumbre. Estaba muy mediado el mes de octubre y aún nos encontrábamos allí. A nosotros nos gustaba la tierra oscura y húmeda, los gritos de los sembradores, bajo el brillo de un cielo como de aluminio. Amábamos la tierra, y retrasar el regreso a la ciudad nos llenaba de alegría. Con todo ello, nuestra eventual amistad con los de las tierras de los Bingos se afianzó, y parecía, incluso, duradera.

Donato, a pesar de ser el segundón de los hermanos, tenía una extraña fuerza de captación, y todos le seguimos. Era un muchacho de unos doce años, aunque por la altura apenas representaba diez. Era delgado, cetrino, con los ojos grises y penetrantes y la voz ronca, porque, según decían, tuvo de pequeño el "garrotillo". Donato solía silbarnos al atardecer, para que bajáramos al río. Nosotros salíamos en silencio, por la puerta de atrás; las escalerillas de la cocina iban a parar al huerto. Luego, saltábamos el muro de piedras y bajábamos corriendo al terraplén, hacia los juncos. Allí estaba el río, el gran amigo de nuestra infancia.

El río bajaba con una voz larga, constante, por detrás del muro de piedras. En el río había pozas hondas, oscuras, de un verde casi negro, entre las rocas salpicadas de líquenes. Los juncos

---

mató... a palos beat to death
estancia stay
muy mediado well along
retrasar dejar para después
eventual provisional
afianzar to strengthen
incluso también
el segundón the second one
fuerza de captación charisma

cetrino, -a sallow
garrotillo croup
escalerilla low step
el terraplén embankment
junco rush
poza pool
salpicadas de líquenes spattered with lichens

de gitano, los chopos, las culebras, las insólitas flores amarillas y blancas, azules o rojas como soles diminutos, crecían a la orilla del río, con nombres extraños y llenos de misterio, con venenos ocultos en el tallo, según decía la voz ronca y baja de Donato:

—De ésta, si mordéis, moriréis con la fiebre metida en el estómago, como una piedra...

—De ésta, si la ponéis bajo la almohada, no despertaréis...

—De ésta, el primo Jacinto murió a la madrugada, por haberla olido con los pies descalzos...

Así decía Donato, agachado entre los juncos, los ojillos claros como dos redondas gotas de agua, verdes y dorados a la última claridad del sol. También en el lecho del río, decía Donato, crecían plantas mágicas de las que hacer ungüentos para heridas malignas y medicinas de perros, y esqueletos de barcos enanos, convertidos en piedra.

Una cosa del río, bella y horrible a un tiempo, era la pesca de las truchas. Donato y sus hermanos (y hasta nosotros, alguna vez) se dedicaban a esta tarea. Debo confesar que nunca pesqué ni un barbo, pero era emocionante ver a los hijos de Maximino Fernández desaparecer bajo el agua durante unos minutos inquietantes, y salir al cabo con una trucha entre los dientes o en las manos, brillando al sol y dando coletazos. Nunca comprendí aquella habilidad, que me angustiaba y me llenaba de admiración al mismo tiempo. Donato remataba las truchas degollándolas, metiendo sus dedos morenos y duros por entre las agallas. La

---

gitano, -a gypsy
chopo black poplar
culebra snakeroot
insólito, -a raro
veneno poison
morder to bite (into)
almohada pillow
el primo Jacinto my cousin Jacinto
madrugada principio del día
agachado, -a squatting

lecho bed
ungüento ointment
trucha trout
barbo barbel (a carp-like fish)
al cabo finally
dando coletazos thrashing its tail
angustiar to distress
remataba las truchas degollándolas would kill the trout by cutting their throats
agalla gill

sangre le tintaba las manos y le salpicaba la cara con motitas oscuras, y él sonreía. Luego, ponía las truchas entre hierbas, en un cestito tejido por él con los mimbres del río, e iba a vendérselas a nuestro abuelo. Nosotros no comíamos nunca truchas; sólo de verlas se nos ponía algo de extraño en el estómago.

Una tarde muy fría, Donato nos llamó con su silbido habitual. Cuando lo encontramos, vimos que había ido solo. Mi hermano le preguntó por los demás.

—No vinieron —dijo él—. Están aún en la escuela.

Y era verdad, pues su silbido nos llamó más pronto que otras veces.

—A mí me ha echado don Germán —explicó, sonriendo de un modo un poco raro. Luego se sentó sobre las piedras. Como el tiempo estaba lluvioso y húmedo, llevaba una chaquetilla de abrigo, muy vieja, abrochada sobre el pecho con un gran imperdible.

—Cobarde, asqueroso —dijo, de pronto. Miraba al suelo y tenía los párpados oscuros y extraños, como untados de barro—. Me las pagará, me las pagará..., ¿sabéis? Me pegó con la vara: me dio así y así...

Súbitamente se quitó la chaqueta y se arremangó la camisa rota que llevaba. Tenía la espalda cruzada por unas marcas rojas y largas. A mi hermano no le gustó aquello, y se apartó. (Ya me había dado cuenta de que Donato no era demasiado amigo de mi hermano. Pero a mí me fascinaba.)

---

tintar to stain
motita tiny speck
un cestito tejido por él con los mimbres del río a small basket which he wove from the river willows
chaquetilla de abrigo heavy jacket
abrochar to fasten
el imperdible safety pin

Cobarde, asqueroso Coward, pig
párpado eyelid
untar to smear
Me las pagará He'll pay me for this
vara rod
súbitamente de repente
arremangarse to pull up (a garment)

Mientras mi hermano se alejaba, saltando sobre las piedras. Donato se puso a golpear el suelo con un palo.

—Ésta es la cabeza de don Germán —dijo—. ¿Ves tú? Ésta es la sesera, y se la dejo como engrudo...

Sí que estaba furioso: se le notaba en lo blanco que se le ponían los pómulos y los labios. Sentí un escalofrío muy grande y un irresistible deseo de escucharle.

—¿Sabes? —continuó—. Está todo lleno de vino, por dentro. Todos saben que está lleno de vino, y si le abrieran saldría un chorro grande de vinazo negro...

Yo había visto a don Germán, en la iglesia, los domingos por la mañana. Gracias a estas descripciones me inspiraba un gran pavor. Me acerqué a Donato, y le dije:

—No le queréis en el pueblo...

Él me miró de un modo profundo y sonrió:

—No le queremos —respondió. Y su voz ronca, de pronto, no era una voz de niño—. ¡Tú qué sabes de estas cosas!... Mira: de sol a sol ayudando en la tierra, todo el día. Y luego, cuando parece que va mejor, está él, allí dentro, en la escuela, para matarnos.

—No, mataros no —protesté, lleno de miedo.

Él sonrió.

—¡Matarnos! —repitió—. ¡Matarnos! Tiene dentro de la barriga un cementerio de niños muertos.

Como Donato siempre decía cosas así, yo nunca sabía si era de cuento o de veras lo que contaba. Pero él debía de entenderse, dentro de sus oscuros pensamientos. Sobre todo en aquellos momentos en que se quedaba muy quieto, como de piedra, mirando el río.

---

sesera brain
engrudo paste
se le notaba en lo blanco que se le ponían los pómulos y los labios it showed in the way his cheekbones and lips were turning white
vinazo vino muy fuerte

el **pavor** terror
de sol a sol from morning to night
barriga belly
de cuento o de veras fact or fiction

Fue cosa de una semana después que don Germán se murió de una pulmonía. Nosotros le vimos enterrar. Pasó en hombros, camino arriba, hacia el cementerio nuevo. Los muchachos que él apaleó cantaban una larga letanía, en fila tras el cadáver, dando patadas a las piedras. El eco se llevaba sus voces de montaña a montaña. A la puerta del cementerio pacía un caballo blanco, viejo y huesudo, con mirada triste. Junto a él estaba Donato, apoyado contra el muro, con los ojos cerrados y muy pálido. Era Donato el único que no le cantó al maestro muerto. Mi hermano, al verlo, me dio con el codo. Y yo sentí un raro malestar.

Desde que el maestro murió, Donato no nos llamó con su silbido peculiar. Sus hermanos venían como siempre, y con ellos bajábamos al río, a guerrear. La escuela estaba cerrada y había un gran júbilo entre la chiquillería. Como si luciera el sol de otra manera.

El río creció, porque hubo tormentas, y bajaba el agua de un color rojo oscuro.

—¿Y Donato, no viene...? —preguntaba yo (a pesar de que mi hermano decía: "Mejor si ése no viene: es como un pájaro negro").

—Está *desvaído* —contestaba Tano, el mayor de sus hermanos. (*Desvaído* quería decir que no andaba bien del estómago.)

—No quiere comer —decía Juanita, la pequeña.

Hubo una gran tormenta. En tres días no pudimos salir de casa. Estaba el cielo como negro, de la mañana a la noche, cruzado por relámpagos. El río se desbordó, derribó parte del muro de piedras y entró el agua en los prados y el huerto del abuelo.

---

pulmonía pneumonia
en hombros carried on the men's shoulders
camino arriba up the road
apalear to beat
letanía litany
dando patadas a las piedras kicking at the stones
pacer to graze
huesudo, -a bony
me dio con el codo nudged me
el malestar inquietud
guerrear to fight
júbilo rejoicing
chiquillería small fry
no andaba bien del estómago his stomach was bothering him
desbordarse to overflow
derribar to bring down
prado pasture

El último día de la tormenta, Donato se escapó, de noche, al río. Nadie le vio salir, y sólo al alba, Tano, el hermano mayor, oyó el golpe del postigo de la ventana, que Donato dejó abierta, chocando contra el muro. Vio entonces el hueco en la cama, en el lugar que correspondía a Donato. Tuvo un gran miedo y se tapó con el embozo, sin decir nada, hasta que vio lucir el sol. (Eso contó después, temblando.)

A Donato no lo encontraron hasta dos días más tarde, hinchado y desnudo, en un pueblo de allá abajo, cerca de la Rioja, a donde lo llevó el río. Pero antes que su cuerpecillo negro y agorero, se halló una carta, mal escrita en un sucio cuaderno de escuela: "Le maté yo a don Germán, le mezclé en el vino la flor encarnada de la fiebre dura, la flor amarilla de las llagas y la flor de la dormida eterna. Adiós, padre, que tengo remordimiento. Me perdone Dios, que soy el asesino."

---

alba dawn
postigo shutter
chocar to bang
hueco hollow
tapar to cover
embozo bedclothes

hinchado, -a swollen
la Rioja distrito del nordeste de España
agorero, -a ill-fated
encarnado, -a rojo
llaga herida

RESUMEN DEL ARGUMENTO

1. ¿A quién visitaban la narradora y su hermano?   2. ¿Quiénes les contaban historias miedosas?   3. ¿A qué hora contaban esas historias?   4. ¿Cuándo asistían esos chicos a la escuela?   5. ¿Cómo era don Germán?   6. ¿En qué era Donato distinto de sus hermanos?   7. ¿Qué cosas del río le interesaban más?   8. ¿Qué pescaban él y sus hermanos?   9. ¿Qué hizo para llamar a los amigos?   10. ¿Por qué vino solo una tarde?   11. ¿De qué murió don Germán?   12. ¿Qué le hicieron sus discípulos?   13. ¿Quién fue el único que no hizo nada?   14. ¿Qué tiempo hizo después de la muerte del maestro?   15. ¿Cómo se puso el río?   16. ¿Qué hizo Donato el último día de la tormenta?   17. ¿Cuándo se supo eso?   18. ¿Qué le dejó Donato a su padre?   19. ¿Qué había sentido por don Germán?   20. ¿Por qué creía que lo había matado?

FORMAS Y SINTAXIS

[a] Change the preterit indicative to imperfect subjunctive after **Queríamos que.**

Volvieron en seguida.
Queríamos que volvieran en seguida.

1. Respondieron pronto.
2. Vendieron bastante.
3. Salieron temprano.
4. Partieron a pie.
5. Escogieron rosas.
6. Asistieron al baile.
7. Ofrecieron más.
8. Subieron por aquí.
9. Comieron tarde.
10. Escribieron mejor.

[b] Give a reply, using the present indicative, as in the model.

Prefiero que no pidas nada.
Entonces no pido nada.

Prefiero
1. que no hagas nada.
2. que no digas nada.
3. que no oigas nada.
4. que no traigas nada.
5. que no tengas nada.
6. que no valgas nada.
7. que no pongas nada.
8. que no vengas ahora.
9. que no salgas ahora.
10. que no sigas ahora.

COMPRENSIÓN DE MODISMOS

1. Íbamos los domingos por la mañana. 2. A medida que nos acercábamos, él se apartaba. 3. Me daba cuenta de que se ponía el sol. 4. El abuelo estaba apoyado contra el muro. 5. El gato estaba tendido al sol. 6. Debes dedicarte a arrancar la mala hierba. 7. Debes de tener fiebre. 8. Aquel verano hubo muchas tormentas. 9. Tenía los ojos redondos como gotas de agua. 10. Solía sentarse sobre las piedras. 11. Tenía la camisa y la chaqueta rotas. 12. Llegamos a hacernos amigos suyos. 13. A pesar de ser bajo y grueso, era bastante guapo. 14. El desenlace del cuento es emocionante. 15. Siguió por el huerto hacia la aldea.

ORACIONES MODELO

Solía silbarnos para que bajáramos.
1. He used to call us so we might play.

2. He used to look for us so we might talk.
3. He used to shout to us so we might wait.

Como si luciera el sol de otra manera.
4. As if the artist lived differently.
5. As if the child learned differently.
6. As if the doctor ate differently.

Pasó camino arriba hacia el cementerio.
7. He went up the mountain toward the village.
8. He ran down the street toward the square.
9. He continued down the river toward the sea.

PALABRAS EN ACCIÓN

[a] Give a definition using **lleno,** as in the model.

¿Qué es una niña miedosa?
Una niña miedosa es una niña llena de miedo.

¿Qué es
1. un corredor ruidoso?
2. una mirada cariñosa?
3. un jardín oloroso?
4. una historia graciosa?
5. un torero orgulloso?
6. una tarea dolorosa?
7. un chiste ingenioso?
8. una tormenta horrorosa?
9. un día lluvioso?
10. un discípulo respetuoso?

[b] Give a sensible answer.

¿Se huele, se oye o se ve el humo?
Se huele y se ve el humo.

¿Se huele, se oye o se ve
1. la lluvia?
2. el tabaco?
3. el café?
4. el fuego?
5. el viento?

¿Se huelen, se oyen o se ven
6. las voces?
7. las castañuelas?
8. los carteles?
9. las estrellas?
10. los sonidos?

[c] Rima

Río Marañón, déjame pasar.
Eres duro y fuerte,
no tienes perdón.
Río Marañón, tengo que pasar.
Tú tienes tus aguas;
yo, mi corazón.

[d] Refranes

Cuando el río suena, agua lleva.
No crece el río con agua limpia.

DISCUSIÓN

¿Quién es la narradora de esta historia? ¿Tienen ella y su hermano la misma actitud hacia el protagonista? ¿Que importancia tiene el diálogo? ¿Cuál es el momento más emocionante del cuento? ¿En qué consiste lo emocionante del momento? ¿Hay elementos románticos en el ambiente de la historia? ¿en el carácter de Donato? ¿Qué detalles añaden una nota de miedo y de peligro? ¿Cómo se prepara al lector para el desenlace? ¿Es bueno el título?

TEMAS

1. Donato
2. Donato y Abraham, de "El Vuelo de los Cóndores"
3. El papel que hace el río
4. Cómo se da la impresión de la realidad recordada

Jorge Luis Borges
(n. 1899)

TANTO ESPAÑA como la América Española ven en Jorge Luis Borges "algo único en la literatura de la lengua castellana". Nació en Buenos Aires, pero pasó los años de 1914 a 1921 estudiando y viajando por Europa. Vuelto a Buenos Aires, vivió en un elegante suburbio, en una casa llena de libros escritos en muchas lenguas. Su abuela lo inició en la lectura de la literatura inglesa, la alemana y las escandinavas. Su padre, que era juez, leía constantemente aunque él, como también su hijo, era flojo de la vista. Jorge Luis, que se imaginaba el Paraíso como una gran biblioteca, decía, refiriéndose a su defectuosa vista, "Dios..., con magnífica ironía, me dio a la vez los libros y la noche".

El joven Borges sentía un gran amor por su ciudad natal. Su primera poesía publicada, *Fervor de Buenos Aires* (1923), está llena de recuerdos de las horas que él pasó en sus viejas calles, plazas y cafés. Quería conservar la memoria de las costumbres

---

era flojo de la vista had poor eyesight

criollas, los juegos, bailes, cantos y modos de hablar que iban desapareciendo a medida que la influencia de la inmigración italiana aumentaba. Al mismo tiempo, aunque atraído por estas escenas familiares, seguía añadiendo a la vasta riqueza cultural que él derivaba de literaturas de ayer y hoy. Conocía bien a Poe y a Dante, a Kafka y a Quevedo, a Shakespeare y a Cervantes. Le fascinaban la erudición, la filosofía, la metafísica, el ocultismo. Sus cuentos y ensayos son a menudo como poemas: son su respuesta lírica al concepto intelectual.

Esto se ve mejor en las narraciones de *Ficciones* (1944) y *El Aleph* (1949). Algunas parecen cuentos policiales en los cuales Borges goza engañando al lector. Muchos de sus sucesos son símbolos de ideas místicas. Sus fondos son a menudo fantásticos y misteriosos.

En "La espera" hay más realismo que en la mayor parte de los cuentos de Borges: él lo llama "un ejercicio desvaído y urbano". La escena es una casa de una calle cualquiera de Buenos Aires. El protagonista, un italiano cuyo verdadero nombre no sabemos nunca, está escondiéndose de una persona que está resuelta a matarlo. Su personalidad no es más que el deseo frenético de seguir viviendo. Pero a pesar de los muchos concretos detalles que contiene, el cuento se desarrolla en la intangible región entre el sueño y la realidad que Borges está siempre explorando.

---

criollo, -a of Spanish origin
la inmigración italiana From 1880 onward, a flood of European immigrants settled in Argentina, the Italian element among them being so great as to create many variations in Argentine speech.
aumentar to increase
Dante Dante Alighieri (1265-1321), great Italian poet
Kafka Franz Kafka (1883-1924), Austrian novelist whose work has a symbolic and dreamlike quality

Quevedo Francisco de Quevedo (1580-1643), Spanish author of works distinguished by satire and fantasy, whose masterpiece is *Los sueños*
El Aleph Aleph es la primera letra del alfabeto hebreo. Según Borges, "un Aleph es uno de los puntos del espacio que contiene todos los puntos".
desvaído, -a faded
frenético, -a frantic

LA ESPERA

EL COCHE LO DEJÓ en el cuatro mil cuatro de esa calle del Noroeste. No habían dado las nueve de la mañana; el hombre notó con aprobación los manchados plátanos, el cuadrado de tierra al pie de cada uno, las decentes casas de balconcito, la farmacia contigua, los desvaídos rombos de la pinturería y ferretería. Un largo y ciego paredón de hospital cerraba la vereda de enfrente; el sol reverberaba, más lejos, en unos invernáculos. El hombre pensó que esas cosas (ahora arbitrarias y casuales y en cualquier orden) serían con el tiempo, si Dios quisiera, invariables, necesarias y familiares. En la vidriera de la farmacia se leía en letras de loza, Breslauer; los judíos estaban desplazando a los italianos, que habían desplazado a los criollos. Mejor así; el hombre prefería no alternar con gente de su sangre.

El cochero le ayudó a bajar el baúl, una mujer de aire distraído o cansado abrió por fin la puerta. Desde el pescante, el cochero le devolvió una de las monedas, un vintén oriental que estaba en su bolsillo desde esa noche en el hotel de Melo. El hombre le entregó cuarenta centavos y en el acto sintió: *Tengo la obligación de obrar de manera que todos se olviden de mí. He cometido dos errores: he dado una moneda de otro país, he dejado ver que me importa esa equivocación.*

Precedido por la mujer, atravesó el zaguán, el primer patio. La pieza que le habían reservado daba, felizmente, al segundo.

---

los manchados plátanos the spotted sycamores
cuadrado square
los desvaídos rombos de la pinturería y ferretería the faded diamond patterns of the painting and ironwork
ciego, -a windowless
cerrar to block
vereda sidewalk
el sol reverberaba the sun was reflected
invernáculo lugar cerrado, cubierto de cristales, donde se cultivan las plantas
casual incidental
loza porcelain
alternar to associate
el baúl trunk
el pescante asiento de los cocheros
un vintén oriental a copper coin from Uruguay
Melo pueblo del Uruguay
el zaguán entry
pieza room

La cama era de hierro que el artífice había deformado en curvas fantásticas, figurando ramas y pámpanos; había asimismo un alto ropero de pino, una mesa de luz, un estante con libros a ras del suelo, dos sillas desparejas y un lavatorio con su palangana, su jarra, su jabonera y un botellón de vidrio turbio. Un mapa de la provincia de Buenos Aires y un crucifijo adornaban las paredes; el papel era carmesí, con grandes pavos reales repetidos, de cola desplegada. La única puerta daba al patio. Fue preciso variar la colocación de las sillas para dar cabida al baúl. Todo lo aprobó el inquilino; cuando la mujer le preguntó cómo se llamaba, dijo Villari, no como un desafío secreto, no para mitigar una humillación, sino porque ese nombre lo trabajaba, porque le fue imposible pensar en otro. No le sedujo, ciertamente, el error literario de imaginar que asumir el nombre del enemigo podía ser una astucia.

El señor Villari, al principio, no dejaba la casa; cumplidas unas cuantas semanas dio en salir, un rato, al oscurecer. Alguna noche entró en el cinematógrafo que había a las tres cuadras. No pasó nunca de la última fila; siempre se levantaba un poco antes del fin de la función. Vio trágicas historias del hampa; éstas, sin duda, incluían errores; éstas, sin duda, incluían imágenes que también lo eran de su vida anterior; Villari no los advirtió, porque la idea

---

figurando ramas y pámpanos representing branches and tendrils
asimismo también
ropero wardrobe
mesa de luz bedtable
a ras del suelo flush with the floor
desparejos, -as odd
un lavatorio con su palangana, su jarra, su jabonera y un botellón de vidrio turbio a washstand with its washbowl, pitcher, soap dish, and a large clouded-glass bottle
carmesí crimson
pavo real peacock
de cola desplegada their tails spread
dar cabida al baúl make room for the trunk
inquilino tenant
desafío challenge
mitigar to lessen
lo trabajaba obsessed him
no lo sedujo he was not beguiled by
astucia cunning trick
hampa underworld
también lo eran were also pictures

de una coincidencia entre el arte y la realidad era ajena a él. Dócilmente trataba de que le gustaran las cosas; quería adelantarse a la intención con que se las mostraban. A diferencia de quienes han leído novelas, no se veía nunca a sí mismo como un personaje del arte.

No le llegó jamás una carta, ni siquiera una circular, pero leía con borrosa esperanza una de las secciones del diario. De tarde, arrimaba a la puerta una de las sillas y mateaba con seriedad, puestos los ojos en la enredadera del muro de la inmediata casa de altos. Años de soledad le habían enseñado que los días, en la memoria, tienden a ser iguales, pero que no hay un día, ni siquiera de cárcel o de hospital, que no traiga sorpresas, que no sea al trasluz una red de mínimas sorpresas. En otras reclusiones había cedido a la tentación de contar los días y las horas, pero esta reclusión era distinta, porque no tenía término —salvo que el diario, una mañana, trajera la noticia de la muerte de Alejandro Villari—. También era posible que Villari *ya hubiera muerto* y entonces esta vida era un sueño. Esa posibilidad lo inquietaba, porque no acabó de entender si se parecía al alivio o a la desdicha; se dijo que era absurda y la rechazó. En días lejanos, menos lejanos por el curso del tiempo que por dos o tres hechos irrevocables, había deseado muchas cosas, con amor sin escrúpulo; esa voluntad poderosa, que había movido el odio de los hombres y el amor de alguna mujer, ya no quería cosas particulares; sólo quería perdurar, no concluir. El sabor de la yerba, el sabor del

---

coincidencia correspondence
trataba de que le gustaran las cosas he tried to like things
adelantarse a la intención con que se las mostraban to anticipate the purpose with which they were shown him
a diferencia de unlike
borroso, -a faint
arrimar a to prop against
matear to take **mate** (a South American beverage resembling tea)
enredadera vine
inmediata casa de altos adjacent two-story house
que no sea al trasluz una red de mínimas sorpresas which is not, seen against the light, a network of tiny surprises
en otras reclusiones in other periods of seclusion
no acabó de entender he couldn't make up his mind
yerba yerba mate

tabaco negro, el creciente filo de sombra que iba ganando el patio, eran suficientes estímulos.

Había en la casa un perro lobo, ya viejo. Villari se amistó con él. Le hablaba en español, en italiano, y en las pocas palabras que le quedaban del rústico dialecto de su niñez. Villari trataba de vivir en el mero presente, sin recuerdos ni previsiones; los primeros le importaban menos que las últimas. Oscuramente creyó intuir que el pasado es la sustancia de que el tiempo está hecho; por algo será que éste se vuelve pasado en seguida. Su fatiga, algún día, se pareció a la felicidad; en momentos así no era mucho más complejo que el perro.

Una noche, lo dejó asombrado y temblando una íntima descarga de dolor en el fondo de la boca. Ese horrible milagro recurrió a los pocos minutos y otra vez hacia el alba. Villari, al día siguiente, mandó buscar un coche que lo dejó en un consultorio dental del barrio del Once. Ahí le arrancaron la muela. En ese trance no fue más cobarde ni más tranquilo que otras personas.

Otra noche, al volver del cinematógrafo, sintió que lo empujaban. Con ira, con indignación, con secreto alivio, se encaró con el insolente. Le escupió una injuria soez; el otro, atónito, balbuceó una disculpa. Era un hombre alto, joven, de pelo oscuro, y lo acompañaba una mujer de tipo alemán. Villari, esa noche, se repitió que no los conocía. Sin embargo, cuatro o cinco días pasaron antes que saliera a la calle.

Entre los libros del estante había una Divina Comedia, con el viejo comentario de Andreoli. Menos urgido por la curiosidad

---

filo línea
perro lobo wolfhound
amistarse con hacerse amigo de
rústico dialecto probably a dialect spoken in the Italian countryside
en el mero presente entirely in the present
previsión anticipation
intuir adivinar
por algo será it must be for some reason
muela tooth
el trance crisis
Le escupió una injuria soez He spat a vile insult at him
atónito, -a aghast
balbucear to stammer
Divina Comedia poem in three parts and 100 cantos, by Dante

que por un sentimiento de deber, Villari acometió la lectura de esa obra capital; antes de comer, leía un canto, y luego, en orden riguroso, las notas. No juzgó inverosímiles o excesivas las penas infernales y no pensó que Dante lo hubiera condenado al último círculo, donde los dientes de Ugolino roen sin fin la nuca de Ruggieri.

Los pavos reales del papel carmesí parecían destinados a alimentar pesadillas tenaces, pero el señor Villari no soñó nunca con una glorieta monstruosa hecha de inextricables pájaros vivos. En los amaneceres soñaba un sueño de fondo igual y de circunstancias variables. Dos hombres y Villari entraban con revólveres en la pieza o lo agredían al salir del cinematógrafo o eran, los tres a un tiempo, el desconocido que lo había empujado, o lo esperaban tristemente en el patio y parecían no conocerlo. Al fin del sueño, él sacaba el revólver del cajón de la inmediata mesa de luz (y es verdad que en ese cajón guardaba un revólver) y lo descargaba contra los hombres. El estruendo del arma lo despertaba, pero siempre era un sueño y en otro sueño tenía que volver a matarlos.

Una turbia mañana del mes de julio, la presencia de gente desconocida (no el ruido de la puerta cuando la abrieron) lo despertó. Altos en la penumbra del cuarto, curiosamente simplificados por la penumbra (siempre en los sueños del temor habían sido más claros), vigilantes, inmóviles y pacientes, bajos los ojos como si el peso de las armas los encorvara. Alejandro Villari y un

---

acometer to undertake
al último círculo The lowest of the nine circles which compose Dante's inferno is reserved for traitors.
los dientes de Ugolino roen sin fin la nuca de Ruggieri Ugolino's teeth forever gnaw the neck of Ruggieri (Archbishop Ruggieri betrayed Count Ugolino, imprisoned him with his sons and grandsons, and let them starve.)
destinados a alimentar pesadillas tenaces sure to encourage prolonged nightmares
glorieta arbor
inextricable intertwined
agredir to attack
el cajón drawer
como si el peso de las armas los encorvara as if they were bent under the weight of their weapons

desconocido lo habían alcanzado, por fin. Con una seña les pidió que esperaran y se dio vuelta contra la pared, como si retomara el sueño. ¿Lo hizo para despertar la misericordia de quienes lo mataron, o porque es menos duro sobrellevar un acontecimiento espantoso que imaginarlo y aguardarlo sin fin, o —y esto es quizá lo más verosímil— para que los asesinos fueran un sueño, como ya lo habían sido tantas veces, en el mismo lugar, a la misma hora?

En esa magia estaba cuando lo borró la descarga.

---

se dio vuelta contra la pared turned his face to the wall
es menos duro sobrellevar un acontecimiento espantoso que imaginarlo y aguardarlo sin fin it is less painful to endure a frightful thing than to imagine it and endlessly wait for it
En esa magia estaba He was under that spell

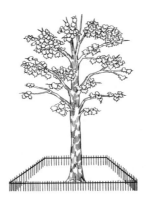

RESUMEN DEL ARGUMENTO

1. ¿Quién es el protagonista de la historia?   2. ¿Qué vio en la calle donde lo dejó el cochero?   3. ¿Qué error cometió al pagar?   4. ¿Adónde daba la pieza que tenía reservada?   5. ¿Qué había en la pieza?   6. ¿Por qué dijo que se llamaba Villari?   7. ¿Qué hacía por la tarde?   8. ¿Qué hacía al oscurecer?   9. ¿Por qué leía una sección del periódico?

10. ¿Cuál era su único deseo? 11. ¿Qué hizo cuando tenía dolor de muelas? 12. ¿Qué le pasó una noche al volver del cine? 13. ¿Cómo se sabe que eso lo asustó? 14. ¿Qué libro iba leyendo? 15. ¿En qué círculo del infierno lo hubiera puesto Dante? 16. ¿Para quiénes era aquel círculo? 17. ¿Con quiénes soñaba en los amaneceres? 18. ¿Qué hacía él en el sueño? 19. ¿Qué hizo cuando vio que Villari lo había alcanzado de veras? 20. ¿Qué quería que fueran los asesinos?

FORMAS Y SINTAXIS

[a] Change the preterit indicative to imperfect subjunctive after **No creo que.**

¿Trajeron algo?
No creo que trajeran nada.

1. ¿Hicieron algo?
2. ¿Dijeron algo?
3. ¿Pidieron algo?
4. ¿Tuvieron algo?
5. ¿Supieron algo?
6. ¿Quisieron algo?
7. ¿Oyeron algo?
8. ¿Dieron algo?
9. ¿Leyeron algo?
10. ¿Sintieron algo?

[b] Change from present to imperfect sequence.

No hay nadie que me ayude.
No había nadie que me ayudara.

No hay nadie
1. que me escuche.
2. que me llame.

3. que me comprenda.
4. que me esconda.
5. que me reciba.
6. que me aplauda.
7. que me recuerde.
8. que me responda.
9. que me escriba.
10. que me despierte.

COMPRENSIÓN DE MODISMOS

1. Vendieron las pocas legumbres que les quedaban. 2. Si yo quisiera, podría alcanzarlos. 3. Soñábamos con tierras lejanas. 4. No tengo ni siquiera un peso en el bolsillo. 5. No nos importa lo que digan los parientes. 6. A buen sueño no hay mala cama. 7. El forastero nos hizo unas cuantas preguntas. 8. Al principio tuve miedo. 9. A las dos cuadras me encontré con el desconocido. 10. La puerta de atrás daba al huerto. 11. El revólver cabe en cualquier cajón. 12. De joven yo tenía a menudo dolor de muelas. 13. En la pieza había unos estantes de aluminio. 14. No creíamos que dijeran mentiras. 15. Lástima que fuera traidor.

ORACIONES MODELO

No hay un día que no traiga sorpresas.
1. There isn't a student who doesn't ask questions.
2. There isn't a soldier who isn't afraid.
3. There isn't a child who doesn't tell lies.

Lo hizo para que los asesinos fueran un sueño.
4. He did it so that the travelers might have a bed.
5. He did it so that the guests might bring money.
6. He did it so that the relatives might give a present.

También era posible que hubiera muerto.
7. It was also possible that he had returned.
8. It was also possible that he had written.
9. It was also possible that he had promised.

PALABRAS EN ACCIÓN

[a] Give a synonym.

¿Qué quiere decir "ave"?
"Ave" quiere decir "pájaro".

¿Qué quiere decir
1. "desear"?
2. "rogar"?
3. "cabello"?
4. "anciano"?
5. "colorado"?
6. "charlar"?
7. "lugar"?
8. "rostro"?
9. "jamás"?
10. "empezar"?
11. "cierto"?
12. "replicar"?

[b] Define the noun, using the reflexive of the corresponding verb.

¿Qué es un anuncio?
Un anuncio es algo que se anuncia.

¿Qué es
1. una respuesta?
2. una promesa?

3. un recuerdo?
4. un sueño?
5. un baile?
6. un pensamiento?
7. un sentimiento?
8. un cuento?
9. un grito?
10. una esperanza?
11. una prueba?
12. un regalo?

[c] Rima

Ya cerradas son las puertas de mi vida,
y la llave es ya perdida.

[d] Refranes

Quien mal anda mal acaba.
El mundo no da buena comida sin mala cena.
Un diablo no hace infierno.

No firmes cartas que no leas,
ni bebas agua que no veas.

DISCUSIÓN

¿Por qué se titula este cuento "La espera"? ¿Por qué no se nos da el verdadero nombre del protagonista? ¿Por qué sigue el autor llamándolo "Villari"? ¿Qué sabemos acerca de su vida anterior? ¿Cómo sabemos por qué alguien quiere matarlo? ¿Es inteligente? ¿Tiene sentido moral? ¿Por qué no es más complejo que el perro? ¿Existen tales tipos? ¿Dónde? ¿Necesita diálogo "La espera"? ¿Nos conmueve la suerte del protagonista? En "La espera", ¿nos presenta Borges un trozo de vida o algo más? Dice Borges que basó el cuento en una crónica policial que le leyó un compañero. ¿Es cuento policial "La espera"? Si no, ¿qué es?

TEMAS

1. "Villari"
2. El significado del fondo en "La espera" y en "El río"
3. Las múltiples posibilidades en "La espera"
4. ¿En qué son semejantes y en qué son diferentes "La espera" y "The Killers", de Ernest Hemingway?

VOCABULARY

This vocabulary is intended to be complete except for the following omissions:
1. Most words and phrases used only once and explained in footnotes
2. Cognates identical in form (disregarding written accents and double letters) and in meaning
3. Other obvious cognates identical in meaning with the corresponding English word. These include (a) infinitives that are, except for their ending and sometimes the final letter of the stem, identical with the English verb, (b) nouns and adjectives that are, except for their ending and sometimes the final letter of the stem, identical with the English word, and (c) words whose suffixes have recognized English equivalents (**-cia, -cía, -cio, -cío** = *-ce;* **-ción** = *-tion;* **-co** = *-cal;* **-dad** = *-ty;* **-dor** = *-tor;* **-ia, -ía, -io, -ío** = *-y;* **-oso** = *-ous*).
4. Most diminutives and absolute superlatives of nouns and adjectives given in the vocabulary

5. Adverbs in **-mente** based on exact cognates or on other adjectives given in the vocabulary
6. Verb forms, except infinitives and certain forms of irregular verbs
7. Names of months and days of the week and cardinal numbers up to 20

Usually no gender is indicated for masculine nouns in **-o** and **-dor** and feminine nouns in **-a, -ad** and **-ción**.

The following abbreviations appear: *f.* feminine; *m.* masculine; *pl.* plural.

A

a to, at, in, on, of, for, before, by, from
  a (dos millas) (two miles) away; **a (la media hora)** (half an hour) later
abajo below, down
  (calle) abajo down (the street); **de abajo** downstairs
abierto *see* **abrir**
abogado lawyer
abono fertilizer
abrazar to embrace, clasp
  abrazarse con to cling to
abrazo embrace
abreviar to abbreviate, shorten
abrir to open (up)
abrochar to fasten
abuela grandmother
abuelo grandfather; *pl.* grandparents
aburrir to bore
  aburrirse (de) to get bored (with)
acá here
  por acá this way

acabado, -a complete, finished
acabar to end, finish
  acabar con to put an end to; **acabar de (atar)** to have just (tied), to finish (tying); **acabar por (usar)** to end by (using); **cuento de nunca acabar** endless story
acaso by chance, perhaps
acción action, deed
acento accent, tone
aceptar to accept
acequia ditch
acerca de about, concerning
acercar to bring (near), send over; **-se** to approach, get close, go over, go up
aclamación applause; *pl.* applause
aclamar to applaud
acomodar to accomodate, lodge, quarter, settle
acompañar to accompany, be with, go with, stay with, keep company with
aconsejar to advise
acontecimiento event

acordar (ue) to remind
  acordarse de to remember
acostar (ue) to lay down; **-se** to go to bed
acostumbrado, -a usual
acostumbrar to be accustomed; **-se** to get accustomed
la actitud attitude, posture, air
acto ceremony, event
  en el acto immediately
acudir to come, come running, gather
  acudir a to attend; to have recourse to
adelantarse to come forward
adelante ahead
  en adelante from then on, thereafter
además besides, also
  además de (ser) besides (being)
adiós good-by, farewell
adivinanza riddle
adivinar to guess, guess at, feel
el adobe (adobe) brick
adónde where
aduana customs
advertir (ie, i) to warn, tell, inform; to notice
aéreo, -a airy, insubstantial
afianzar to assure, strengthen
aficionado, -a amateur
afligir to afflict, trouble
afuera outside
agachado, -a crouching, squatting
ágil agile, nimble
agitar to shake, wave; to ring, jingle; to disturb, worry
agradable agreeable, pleasant
agradecer to thank (for)
agradecido, -a grateful
agradecimiento gratitude
el agua *f.* water; rain
  agua bendita holy water
aguardar to wait; await, wait for
ahí there
  por ahí around there
ahora now

ahora mismo right now
ahorcar to hang
el aire air; wind
ajeno, -a another's; foreign
al to the, at the
  al (ver) on (seeing), when (he saw)
el ala *f.* wing
alabastro alabaster
el alacrán scorpion
alarmarse to become alarmed
el alba *f.* dawn
el alcalde mayor
alcanzar to reach, get, obtain; to catch up with, overtake
aldea village
alegoría allegory
alegrar to brighten, cheer up, gladden; **-se** to be glad
alegre gay, happy, light-hearted
alegría joy, rejoicing, happiness
alejar to remove; **-se** to go away, go off, move away
alemán, -a German
alfabeto alphabet
algo anything, something
el alguacil constable
alguien anyone, someone
algún, alguno, -a any, some, this or that, one
alimento nourishing food
alistarse to enlist
alivio relief
el alma *f.* soul, spirit, heart
  de mi alma my dear
el almanaque almanac
almohada pillow
almorzar (ue) to (have) lunch
almuerzo lunch
alojamiento lodging, quarters
alojarse to lodge, be quartered
alquilar to rent
alrededor (de) around, all around
alto, -a tall; high (up); lofty
  en alto (up) high; **lo alto** the top
altura height, elevation

alumbrar to light (up)
aluminio aluminum
alumno, -a pupil, student
alzar to raise; **-se** to rise
allá there; over there
   allá (abajo) way (down) there
allí there
   de allí en adelante thereafter;
   por allí around there
el ama *f.* mistress
amanecer to get light, to dawn; *m.* early morning
   al amanecer at dawn
el, la amante lover
amar to love
amarillo, -a yellow
el ambiente atmosphere, surroundings
ambos, -as both (of them)
amigo, -a friend
   amigo de friendly to
amistad friendship
amo master
el amor love, desire
   amor mío my darling
anciano, -a old, aged; *m.* old man; *f.* old woman
ancho, -a broad, wide; full
andar to go, walk, stroll, travel
   andar (preocupado) to be (preoccupied); **¡anda!** go on!
anduvo *see* **andar**
el anfitrión host
angustia anguish, distress, suffering
animación vivacity, liveliness
animar to animate, encourage; **-se** to cheer up, get courage, get warmed up
   animar el fuego to poke the fire
ánimo courage, spirit
anoche last night
anochecer to get dark
   al anochecer at nightfall
anónimo anonymous letter
ansia anxiety

ansioso, -a anxious
ante before, in the presence of
anterior earlier, former, previous
antes de (que) before
antiguo, -a old, ancient
anualmente yearly
anunciar to announce, advertise
anuncio announcement, advertisement, commercial
añadir to add
año year
   tener (dos) años to be (two) years old
apagar to extinguish, put out; **-se** to go out, die away, fade
apalear to beat
aparecer to appear, turn up
apartar to take away, take off, push away, remove; **-se** to move away, walk away
apellido family name
apenas hardly, scarcely
   apenas (salió) the moment that (she left)
apetito appetite
aplaudir to applaud
aplauso applause, burst of applause; *pl.* applause
aplicación application
apoderarse (de) to take possession (of)
apoyado, -a leaning, resting
apreciar to appreciate
aprender to learn
apresurarse to hasten
aprobación approval
aprobar (ue) to approve
aprovecharse (de) to profit (by), take advantage (of)
apuntar to aim
aquel, aquella that; *pl.* those
aquello that
aquí here
árabe Arab; Arabic; Moorish
arbitrario, -a capricious, without purpose
el árbol tree

arder to burn
ardiente burning; passionate
el **ardor** fire
arena sand
Argel Algiers
argumento plot
el **arma** *f.* weapon
arrancar to pull out, pull up, dig out, take out, extract; to snatch
arrastrar to drag
arreglar to arrange, fix, settle, attend to
arriba up, upstairs
  (calle) **arriba** up (the street)
arrodillado, -a kneeling
arrojar to throw, throw out, fling
  arrojar sangre to bleed
el **arroz** rice
el **arte** *mf.* art; subject matter; subject
artículo article
el **artífice** artisan, craftsman
el, la **artista** artist; performer
ascender (ie) to rise
asegurar to assure (of)
asesino murderer, killer
así so, thus, like that, like this, as follows
  así como just as
asiento seat
el **asistente** assistant
asistir (a) to attend
asociación association
asombrar to frighten, shock
asombro astonishment, amazement
aspecto appearance
asqueroso, -a loathsome
asunto matter, topic, question, subject
asustar to alarm, frighten, scare; **-se** to get scared
atacar to attack
el **ataque** attack
atar to tie
atardecer to get late (afternoon)
  al atardecer late in the afternoon
atender (ie) to pay attention to
atmósfera atmosphere
atraer to attract
atrás behind
  puerta de atrás back door
atravesar (ie) to cross, go through
atreverse to dare, venture
atrevimiento daring
audaz audacious, bold
auditorio audience
el **aula** *f.* classroom
aun still, even
aún still, yet
aunque although, even if
aurora dawn
ausencia absence
ausente absent
auténtico, -a authentic
autor, -a author
autoridad authority
avanzar to advance
el **ave** *f.* bird
aventura adventure
aviso warning, notice
¡ay! oh! alas!
ayer yesterday
ayuda help, assistance
ayudar to help; to work
el **azúcar** sugar
azul blue
azulado, -a bluish

B

bahía bay
bailador dancer
bailar to dance
el **baile** dance
bajar to bring down, lower; to come down, get down, go down
bajo, -a low; short
bajo beneath, under
bala bullet
el **balcón** balcony

banco bench
bandido bandit
baño bagnio (Moorish prison for slaves)
barba chin; beard; *pl.* beard
bárbaro, -a barbarous; stupid
barca small boat
barco boat, vessel; sailboat
barraca small house of a type found in rural Valencia
barrio district
el **barrista** trapeze artist
barro mud, clay
bastante enough, a good deal of
  bastante (bueno) quite (good)
bastar to be enough, suffice; **-se** to suffice
bata robe
batalla battle
el **baúl** trunk
bautizar to baptize
beber to drink
bebida drink, beverage
beca scholarship
belleza beauty
bello, -a beautiful, fine
bendición blessing
bendito, -a blessed
  agua bendita holy water
besar to kiss
beso kiss
bestia beast, animal
biblioteca library
bien well, all right; *m.* good, kindness, favor
  bien (pronto) very (soon); **bien vengas** welcome; **más bien** rather
el **bigote** mustache; *pl.* mustache
el **billete** bill; ticket
  sacar billete to buy a ticket
biógrafo biographer
blanco, -a white
blanquito, -a white
boca mouth; opening
  boca abajo face down, upside down; **boca arriba** face up, right side up
boda wedding
bolsa bag, pouch, purse
bolsillo pocket
bombo drum
bonito, -a pretty, lovely
borrar to erase, rub out, obliterate, annihilate
el **bote** small boat
botella bottle
boticario druggist
brazo arm
  llevar sobre los brazos to carry
breve brief; narrow
brillante bright
brillar to shine, gleam, glisten
brillo brilliance, lustre, radiance, splendor
brindar (por) to drink a toast (to)
brisa breeze
el **broche** brooch
broma joke, jest, jesting
el **bronce** bronze
buen, bueno, -a good, right; kind
burla jest, jesting
burlador deceiver
burlar to mock
  burlarse de to make fun of
busca search
buscar to look for, search for; to get
  mandar buscar to order
el **buzón** mailbox; letter-drop

C

caballero gentleman
caballo horse
  a caballo on horseback
cabellera curls, locks, tresses
cabello hair
caber to fit in
cabeza head
  de cabeza headfirst
cabo end

al cabo finally
cada each
  cada vez más more and more
cadena chain
caer to fall
  dejar caer to drop
el **café** coffee; café
caja box, ballot box
el **cajón** drawer
calabaza squash, pumpkin, gourd
calcular to calculate
caleta cove
calidad quality
caliente hot, warm
el **calor** heat, warmth
callado, -a silent
callar(se) to be silent, hush
la **calle** street
cama bed
cambiar to change
  cambiar de (trapecios) to change (trapezes)
cambio change
  en cambio on the other hand
caminar to walk, go, travel
  caminar a pie to walk
camino road; way, course
  camino arriba up the road; **seguir el camino** to go on one's way
camisa shirt
campana bell
  soltar las campanas to ring the bells
campanada bell, stroke (of a bell)
campanilla hand-bell; doorbell
campesino, -a (of the) country, rural
campo field, ground; country, countryside
canción song
candelero candlestick
candidato candidate
canoa canoe
cansado, -a tired
cansar to tire; **-se** to get tired
el, la **cantante** singer

cantar to sing; to croak
el **cantar** song
cantidad amount
canto song
caña cane, reed; pole
capa cape
capaz capable
el **capellán** chaplain
capilla chapel
  capilla mayor high altar; main part of church
el **capitán** captain
capítulo chapter
el **capote** cape, cloak
  capote militar military cape
cara face
  tener mala cara to look bad
el **carácter** character
característico, -a characteristic
carcajada burst of laughter, peal of laughter, guffaw; *pl.* laughter
  soltar una carcajada to burst out laughing
la **cárcel** prison, jail
carga freight
cargar to load
caridad charity; gift
cariño affection, love, kindness
  tomar cariño a to take a liking to, become fond of
cariñoso, -a affectionate, kind
carmesí crimson
la **carne** flesh; meat; *pl.* flesh
carpa (circus) tent
carrera race; career, profession; course of study; *pl.* racing
carro cart, wagon
carta letter
el **cartel** poster, placard
cartero mailman, letter carrier
cartilla primer
casa house
  (ir) a casa (to go) home; **en casa** at home
casaca dress coat
casar to marry (off)

casarse con to marry, get married to
cascada waterfall
casero landlord
casi almost, hardly
  casi casi very nearly
casita cottage
caso case; fact
  hacer caso (de) to pay attention (to)
castaño, -a (chestnut) brown
castañuelas castanets
castellano, -a Castilian, Spanish
castigo punishment
castillo castle
cátedra chair; pulpit used by professors; professorship; department; course; class
la **catedral** cathedral
catedrático university professor
causa cause
  a causa de on account of
cautivo, -a captive
cayendo, cayera, cayeron, cayó see **caer**
cazar to hunt
ceder to yield
celda cell
celebrar to celebrate
célebre celebrated
celos jealousy
  tener celos to be jealous
celoso, -a jealous
cementerio cemetery
cena supper, dinner
cenar to have supper, dine
centavo cent
el **centinela** sentinel
centro center
cera wax
cerca near, close
  cerca de near
cerrar (ie) to close; to close in; to block, cut off
  cerrar con llave to lock; **cerrar de golpe** to slam
cerro hill

ciego, -a blind; blank; windowless
cielo sky; heaven
cien, ciento (one) hundred
  por ciento percent
ciencia science
científico, -a scientific
cierto, -a certain; a certain; true
cigarrillo cigar; cigarette
cincuenta fifty
el **cine** movies
cinematógrafo moving picture theater
cinta ribbon; tape
circo circus
circular to circulate, flow
círculo circle, ring
circunstancia circumstance; fact
cita date, appointment
ciudad city
claridad light, brightness, radiance, illumination
claro, -a clear; light
la **clase** class; sort, kind
clásico, -a classic, traditional
clavar to nail; to fix
clérigo cleric, priest
cobarde cowardly; *mf.* coward
cocina kitchen
cocinero, -a cook
el **coche** coach; car
cochecito (mule-drawn) streetcar
cochero coachman
codicia greed
cofrecillo small chest, casket
coger to take, get, pick up; to harvest, pick; to catch, arrest
  cogidos de la mano hand in hand
la **col** cabbage
cola tail
el **colegial** schoolboy; collegian; student
colegio school, academy
  compañero de colegio schoolmate
cólera anger, displeasure

colgado, -a hanging
colgar (ue) to hang
  colgarse de to hang onto
colocación position
colocar to place, put, set
colorado, -a red
colorido coloring
comedia play
comedor dining room
comentar to comment (on), remark
comentario comment
comenzar (ie) to begin
  comenzar por (usar) to begin by (using)
comer to eat; **-se** to eat up
el **comerciante** merchant
cometer to commit, make (a mistake)
comida meal(s); food
como how, as, like; since; as if; almost
cómo how
  ¿cómo (es)? what (is it) like?
comodidad comfort
cómodo, -a, comfortable
compañero companion, comrade
  compañero de colegio schoolmate
compañía company, society
  hacer compañía to keep company, associate
el **compás** time, tune, music; compass
el **compatriota** fellow countryman
complejo, -a complex
completo, -a complete
  por completo completely
componer to compose; to fix; **-se** to get set
comprar to buy
comprender to understand, realize
compuesto *see* **componer**
común common
comunidad community

con with
  con que and so
conciencia conscience; heart
concluir to conclude, end
concluyeron, concluyó *see* **concluir**
concurso gâthering
el **conde** count
condecorar to decorate (conferring distinction)
condenar to condemn
condesa countess
conducir to conduct, lead, take, bring
conejo rabbit
conferencia lecture
confesar (ie) to confess
confiado, -a trusting
confianza confidence, trust
confiar to trust
el **confite** bonbon
confusión perplexity
confuso, -a confused; puzzled; indistinct
congelar to congeal, freeze
cónico, -a conical, cone-shaped
conmigo with me
conmover (ue) to move (emotionally), stir, touch
conocer to be familiar with; to come to know, realize; to meet
conocido, -a well known
conquista conquest
consecuencia consequence
conseguir (i, i) to get, obtain; to accomplish
  conseguir (ver) to succeed in (seeing), manage to (see)
consejo (piece of) advice; council
conservar to keep, preserve
consigo with him(self), with them(selves)
conspiración conspiracy
constituir to constitute
construir to construct, build
construyendo, construyó *see* **construir**

consuelo consolation
consultorio clinic
contar (ue) to count, tell, relate
 contar con to count on, have
contemplar to contemplate, regard
contemporáneo, -a contemporary
contener to contain
contenido contents
contentar to content, satisfy
contento, -a contented, satisfied, pleased, happy
contestar to answer
contigo with you
contiguo, -a adjoining, nearby
continuo, -a continual
contra against, at
el **contrabandista** smuggler
contrario, -a contrary
 al contrario on the contrary
convencer to convince
convertir (ie, i) to convert, turn
convidado, -a guest
convidar to invite
el **convite** treat; (circus) parade
el **coñac** cognac
copa goblet, glass
copia copy
copla popular song; verse
el **corazón** heart
corredor corridor, hallway
correo mail
 oficina de correos post office
correr to run, run through, pass, get around, circulate
correspondencia correspondence
corresponder to belong; match
el **corresponsal** correspondent
corriente runnnig
cortar to cut, cut off
la **corte** court; Madrid
cortejar to court, woo, pay court
cortesía courtesy, politeness
cortina curtain
corto, -a short, brief
cosa thing; anything
 cosa de a matter of; **gran cosa** much of anything; **otra cosa** something (anything) else; **poca cosa** very little
cosecha crop, harvest
costa coast
costar (ue) to cost
 costar caro to be expensive
la **costumbre** custom, habit, way; *pl.* ways
 de costumbre usual; **bueno de costumbres** well behaved
crear to create
crecer to grow (up); to increase; to rise
creciente growing; rising
creer to believe, think
 creer mucho to have great faith; **creo que no** I don't think so; **¡ya lo creo!** I should say so!
crepúsculo twilight
creyendo, creyeron, creyó *see* **creer**
criada maid
criado servant
criar to bring up, raise, grow; **-se** to grow up
criatura creature; baby
criollo, -a of Spanish family, but born in America; of Spanish origin
el **cristal** crystal, glass
cristiano, -a Christian; person
crónica chronicle
crucifijo crucifix
crueldad cruelty
la **cruz** cross
cruzar to cross
cuaderno notebook
cuadra (city) block
 a las (tres) cuadras (three) blocks away
cuadrado square
cuadro picture, scene
cual as, such as
 el, la cual who, whom, which; **lo cual** which

cuál what, which
cualidad quality; virtue
cualquier, -a any; anyone (at all)
cuán how
cuando, cuándo when
cuanto, -a as much as, all that
  en cuanto as soon as; **en cuanto a (mí)** as for (me); **unos cuantos** a few
cuánto, -a how much, how great; *pl.* how many
cuarenta forty
cuarto room; quarter
  de cuarto en cuarto de hora every quarter hour
cubierto *see* **cubrir**
cubrir (de) to cover (with); to crown; to shelter
cuchillo knife
cuello neck; collar
cuenta account; bill
  dar cuenta de to report; **darse cuenta de** to realize
el, la cuentista short-story writer
cuento story, tale
cuerda cord, rope
cuerpo body
cuesta slope
cuestión question, topic
cuidado care
  ¡cuidado! look out! take care!; **con cuidado** carefully
cuidar to take care of
  cuidar de to care for
culebra snake; snake root
culpa guilt
  tener culpa to be to blame
cumplir to complete, carry out; to abide by; to pass
  al cumplir (veinticuatro horas) at the end of (twenty-four hours)
cuñada sister-in-law
cuñado brother-in-law
el cura priest
curioso, -a curious, inquisitive
curso course, passing
cuyo, -a whose, of which

CH

chaqueta jacket
charlar to chat, chatter, talk
chica girl
chico, -a small, little; *m.* boy; *pl.* youngsters
chícharo pea
chileno, -a Chilean
chino, -a Chinese
chiquillería small fry
chiquillo, -a child, youngster
chiquito, -a little
el chiste joke
chorro spurt, jet, stream

D

dama lady
danzante dancing; *mf.* dancer
danzar to dance
daño harm, damage
  hacer daño to hurt
dar to give; to hit, strike
  dar a entender to indicate; **dar a (la calle)** to open on, look out on, face (the street); **dar en (ir)** to insist on, begin to (go); **dar (las nueve)** to strike (nine); **dar un paso** to take a step; **darse cuenta** to realize
de of, from, by, with, to
  de (centinela) as a (sentinel); **de profesión** by profession; **más de (dos)** more than (two)
debajo under, underneath
  por debajo de below, beneath, under
m. **deber** to owe; duty
  debo (ser) I ought (to be); **debo de (ser)** I must (be); **debía (ir)** he was to (go); **debido a** due to
débil weak; faint, dim

decente respectable
decir to say, tell
  es decir that is to say; **querer decir** to mean
declarar to announce
dedicar to dedicate, devote, apply; **-se** to devote oneself
dedo finger; toe; *pl.* fingers and toes
  dedo de la mano finger
defectuoso, -a defective
deformar to twist
dejar to leave, abandon; to let, allow
  dejar caer to drop; **dejar de (hacer)** to stop (doing), fail to (do); **dejar de la mano** to let down, put down; **dejar ver** to show
del from the, of the
delante (de) ahead (of), in front (of), before
deleitar to delight, enchant
delgado, -a slender, thin
delicado, -a delicate, light
los, las demás others, rest
demasiado too, too much
demonio devil
dentro inside
  dentro de in, within; **dentro de poco** shortly; **por dentro** inside
el dependiente clerk
derecho, -a right
derramar to scatter; **-se** to spread
desaparecer to disappear, vanish
desarrollarse to develop, unfold
desatar to untie
desayunar to have breakfast
desayuno breakfast
descalzo, -a barefoot, bare
descansar to rest
descanso rest
descarga shot, explosion
descargar to fire
descender (ie) to descend, fall

desconocido, -a unknown, strange; *mf.* stranger
desconvidar to disinvite
descubierto *see* **descubrir**
descubrir to discover; to reveal; to expose, uncover, unmask
descuidado, -a careless, thoughtless
desde from
  desde que after, since
desdicha misfortune, misery, distress
desear to desire, wish for, long for
desembarcar to land
el desenlace outcome, denouement
deseo desire, wish
  tener muchos deseos to be very anxious
desesperación despair
desesperar to despair; to drive to despair, exasperate
el desfile parade
desgracia misfortune
  por desgracia unfortunately
desgraciado, -a unfortunate, hapless, in distress
deshonra disgrace
desierto, -a deserted, empty
desilusionar to disillusion, disappoint
desmantelado, -a dismantled
desmontar to dismount
desnudo, -a bare, naked
despacio slowly
despacho office
despedir (i, i) to dismiss, fire
  despedirse (de) to take leave (of), say good-by (to)
despertar (ie) to awaken, wake up, arouse
desplazar to displace
después afterward, later, then
  después de after
destierro exile
destino destination, goal; object,

purpose; calling
destruir to destroy
destruyeron *see* **destruir**
desvaído, -a faded
desvanecerse to vanish
detallado, -a detailed
el **detalle** detail
detener to stop; to arrest; **-se** to stop, pause; to alight, land
determinación plan
determinar to determine, decide
detrás behind
detuve, detuvieron, detuvo *see* **detener**
devolver (ue) to bring back, give back, restore, return
devoto, -a devout
devuelto *see* **devolver**
di *see* **decir**
el **día** day
  todos los días every day; **de día** by day
diablo devil
el **diamante** diamond
diario, -a daily; *m.* daily newspaper; diary
dibujo drawing
dicho *see* **decir**
dicho, -a above-mentioned; *m.* saying
el **diente** tooth
dieran, dieron *see* **dar**
dieta dieting
diferente different
difícil difficult, hard
dificultad difficulty, trouble
diga *see* **decir**
digno, -a worth, worthy
dije, dijeran, dijeron, dijo *see* **decir**
diminuto, -a diminutive
dimos *see* **dar**
dinero money
dio *see* **dar**
el **dios** god
diosa goddess
diré, diría, dirían *see* **decir**

dirección direction; address
  con dirección a headed for
dirigir to direct; to address; **-se** to go over, go toward, make one's way, turn; to address
disciplina study
discípulo pupil, student
disculpa apology, excuse
discurso speech
discutir to discuss, argue
disfrazar to disguise
disgusto annoyance, disappointment, trouble
disparar to fire
disponer to dispose; **-se** to get ready
disposición disposal
dispuesto, -a ready
disputar to debate
distinguir to distinguish, discern
distinto, -a distinct, different
distraer to distract
distraído, -a absent-minded, careless, distracted
disuadir to dissuade, talk out of (something)
diversión amusement
diverso, -a diverse, various
divertir (ie, i) to amuse, entertain
divinamente extraordinarily
doble double, dual
docena dozen
dócil docile, submissive
el **dólar** dollar
el **dolor** pain, suffering; sorrow
doloroso, -a painful
domador tamer
domar to tame, master, subdue
dominar to dominate, sway; to win
don title of respect used before a man's first name
donde, dónde where
doña title of respect used before a woman's first name
dorado, -a gilt; gold (color)

dorar to gild
dormida sleep
dormir (ue, u) to sleep; **-se** to go to sleep
el **dragón** dragon; dragoon
duda doubt
dudar (de) to doubt, wonder
duelo duel
dueño owner, master
dulce sweet; *pl.* candy
dulcero confectioner
dulzura sweetness
el **duque** duke
duradero, -a lasting, permanent
durante during
durar to last
duro, -a hard; unbearable, painful; cruel; stubborn
duro silver coin worth five pesetas

E

e and (before words beginning with **i** and **hi**)
eco echo
echar to throw; to throw out; to give; to put; to pour; to mail
  echar abajo to chop down; **echarse a correr** to start to run; **echarse a llorar** to burst into tears
edad age
  de más edad older
edificio building
efecto effect, fact
  en efecto as a matter of fact; in substance
ejecutar to carry out, perform, present
ejemplo example
ejercer to exercise, practice; to act
  ejercer de to serve as
ejercicio exercise; examination
ejército army

el, la the
  el que the one who (which); **los de** the people of
él he, him, it
elegante elegant, fine, stylish
elegir (i, i) to choose, elect
ella she, her, it
ello it
ellos, -as they, them
embarcadero landing
embargo: sin embargo however, nevertheless, yet, just the same
la **embriaguez** intoxication
emocionante moving, exciting, thrilling
empeñarse to insist
emperador emperor
la **emperatriz** empress
empezar (ie) to begin
empleado, -a employee; clerk
empleo job, position
emprender to undertake, begin
  emprender el camino to start off
empujar to push, shove
en in, on, at, against
  de (penca) en (penca) from (leaf) to (leaf)
enamorarse (de) to fall in love (with)
enano, -a dwarf; dwarfish
encantador, -a enchanting
encantar to enchant, delight, enthrall
encanto charm, spell
encararse con to face
encender (ie) to light, kindle, inflame, fire
encerrar (ie) to enclose, contain; to shut up
encima on, on top
  por encima de above, over
encontrar (ue) to find; to encounter, meet; **-se** to be
  encontrarse con to meet; to run into

encorvarse to bend over
encuentro encounter, meeting
enemigo enemy
enfadarse to get angry, be annoyed
enfermo, -a sick, ill
enfrente in front
  enfrente de opposite
enfurecer to infuriate
engañar to deceive, fool, mislead
enojar to annoy, disgust, vex; **-se** to get angry
enorme enormous, huge
ensalada salad
el, la **ensayista** writer of essays
ensayo essay
enseñanza instruction, teaching
enseñar to teach; to show
entender (ie) to understand
  dar a entender to indicate
entero, -a entire, whole, complete, unharmed
enterrar (ie) to bury
entonces then
entrada entrance; outskirts; ticket (of admission)
entrar to enter
  entrar en (la pieza) to enter (the room)
entre among, between, amid
entreabierto, -a half-open, parted
entreacto intermission
entregar to hand, hand over, deliver, give, surrender
entretanto meanwhile
entretener to entertain
entusiasmo enthusiasm
enviar to send
envidia envy
  dar envidia to make jealous
envolver (ue) to envelop, wrap (up)
envuelto *see* **envolver**
la **epidermis** skin
episodio episode
época epoch, period, time
equilibrio balance

el **equipaje** baggage; belongings
equivocación error
equivocarse to be mistaken
erudición learning
escalera stairway
escalerilla low step
escalofrío chill, shiver
escándalo scandalous behavior
escandinavo, -a Scandinavian
escaparse to escape
escaso, -a scanty; faint
escena scene
esclavo, -a slave
escoger to choose
esconder to hide, conceal
escopeta shotgun
escribir to write
escrito *see* **escribir**
el **escritor** writer
escrúpulo scruple
escuchar to listen (to), hear
escudo crown (a gold coin)
escuela school
el **escultor** sculptor
ese, -a that; *pl.* those
ése, -a that one; he; she; it
eso that
  a eso de (las dos) about (two) o'clock; **por eso** on that account; for that reason, that's why
espacio space; air
espada sword
el **espadín** rapier
espalda back; shoulder
  a (mi) espalda behind (me); **dar la espalda** to turn one's back
espantar to frighten, terrify
espanto fright, terror
espantoso, -a frightful, awful
español, -a Spanish
especial special
la **especie** species, kind, sort
espectáculo spectacle, show, performance
espectador spectator

espejuelos spectacles
espera wait, waiting
esperanza hope
esperar to hope; to expect; to wait; to wait for, await
espeso, -a thick; deep
el **espíritu** spirit; mind
espléndido, -a splendid
esposa wife
esposo husband
esqueleto skeleton
esquina corner
estabilidad stability
establecer to establish
estado state
estancia ranch; stay
el **estante** shelf
estar to be; to stay; to act; to feel; to look, appear
estatua statue
estatura stature
el **este** east
este, -a this; *pl.* those
éste, -a this one; the latter; he; she; it; *pl.* these; they
estilo style
estimar to esteem, respect
estímulo stimulus, incentive
esto this
    en esto at this point, by this time
estómago stomach
estrado platform
estrecho, -a narrow, tight
estrella star; luck
estropajo mop
estruendo din, report
el **estuche** jewel case
el, la **estudiante** student
estudiar to study
    estudiar para (abogado) to study to be a (lawyer)
estudio study; studio
estúpido, -a stupid, silly, foolish
estuve, estuviera, estuvimos, estuvo *see* **estar**
eterno, -a endless

evitar to avoid
evocar to evoke
la **exactitud** exactness, accuracy
exagerar to exaggerate
el **examen** examination
excelencia excellence; Excellency
excesivo, -a excessive
exclamar to exclaim
exigir to demand
éxito success
    tener éxito to be successful
exótico, -a foreign, colorful
explicación explanation; lecture
explicar to explain; to lecture, teach
exponer to expose; to risk
expresar to express
expuesto *see* **exponer**
el **éxtasis** ecstasy
extinguir to extinguish
extraño, -a strange, odd, peculiar, rare
extremo end
    en extremo extremely

F

fábula fable
fácil easy
facilidad facility, ease
    con facilidad easily
falta error, mistake; lack
faltar to be missing, be absent; to fail; to be left, remain
fama fame, reputation
familiarizar to acquaint
el **fantasma** phantom, ghost
farmacia pharmacy, drug store
farolillo lantern
fascinador, -a fascinating
fascinar to fascinate
fatiga fatigue
fatigado, -a fatigued, tired
la **fe** faith
    por mi fe on my word, I'll swear
felicidad happiness

feliz happy, fortunate
femenino, -a feminine
feo, -a ugly
fiarse de to trust
ficticio, -a fictional, of fiction
la **fiebre** fever
fiel faithful, loyal
fiesta feast day, festival; celebration
  vestir de fiesta to dress up
figurar to represent; **-se** to imagine
fijamente fixedly
  mirar fijamente to stare
fijar to fix
fijo, -a fixed
  fijo en clinging to
fila row; line
  en fila in single file
filosofía philosophy
filosófico, -a philosophical
el **fin** end; purpose, goal
  al fin at last, finally, in the end; **en fin** in short, after all; **por fin** at last; **sin fin** endlessly
fino, -a fine; refined, polite
finura courtesy, politeness
firma signature
firmar to sign
físico, -a physical
la **flor** flower, blossom
  en flor blossoming
flotar to float
fluido flow
fondo bottom, depths; background; back, far end; heart; disposition
  dar fondo to anchor
forastero, -a outsider, stranger; foreigner
fortuna fortune; good fortune, piece of good luck
  hacer fortuna to make a fortune; **por fortuna** fortunately
el **fraile** friar, monk, brother

francés, -a French
franciscano, -a Franciscan (of the religious order founded by St. Francis of Assisi)
franco, -a frank
franqueza frankness
  con franqueza frankly
la **frase** phrase; sentence; *pl.* words
fray *see* **fraile**
frecuencia frequency
frecuente frequent
frenético, -a frantic
el **frente** front
  frente a facing; **frente a frente** face to face
la **frente** forehead
fresco, -a fresh; cool
el **frijol** (kidney) bean
frío, -a cold; *m.* cold
  hacer (tanto) frío to be (so) cold
frito, -a fried
fruta, fruto fruit
fuego fire
  pegar fuego to set fire
la **fuente** fountain; spring
fuera outside
  fuera de beside; **por fuera** outside
fuera, fueran *see* **ser**
fuerte strong; hard; loud
fuerza force, power, strength
  a la fuerza by force
Fulano So-and-So
función performance, show
funcionar to operate; to perform
fundar to found
fúnebre funereal, mournful, gloomy

G

gallardo, -a graceful, elegant
galleta cracker, cooky

gana desire
  de buena gana willingly; **mala gana** reluctance; **tener (muchas) ganas** to feel (very much) like, be (very) anxious
ganar to gain, win; to earn; to take over, cover
garbanzo chickpea
gastar to spend; to waste
gato cat
gemido moan, cry, sigh
género type, kind, sort
genio disposition, temperament, character
la gente people; men
gobierno government
el golpe blow, stroke, hit; banging, pounding
  dar golpes to tap; **de golpe** with a bang
golpear to hit, pound
gordo, -a fat; big
gorra cap
gota drop
  gota a gota drop by drop
gótico, -a Gothic
gozar (de) to enjoy; to take delight
gracia grace; wit; *pl.* thanks
gracioso, -a graceful; attractive, delightful, charming; amusing, funny
graduado graduate, alumnus
gráfico, -a graphic
gramática grammar
gran, grande big, large; great
granizar to hail
granizo hailstone; hail
gravedad seriousness, solemnity
griego, -a Greek
gris grey
gritar to cry, shout, scream, screech
grito cry, shout
grueso, -a stout; plump; thick
grupo group

guapo, -a handsome, good-looking; bold
guardar to keep; to hold
el guardia guard, sentinel
guerra war
guerrear to fight
guerrero warrior
el guía guide
guisar to cook
guitarra guitar
gustar to please, be pleasing to
  (le) gusta (la casa) (she) likes (the house)
gusto pleasure, joy; taste

H

haber to have
  (he) de (ser) (I) am to, am bound to, am destined to, am sure to, must (be)
había there was, there were
habilidad ability, skill
habitación room, apartment; dwelling
el habitante inhabitant; inmate
hablador, -a talkative
hablar to speak, talk, say
habría, habrían *see* **haber**
hacer to do, perform; to make; to give; **-se** to become, get
  hacer (enviar) to have (sent); **hacer caso** to pay attention; **hacer daño** to harm; **hacer (frío)** to be (cold); **hacer preguntas** to ask questions; **hace (años)** (years) ago; **hace (una hora) que (duerme)** (he) has been (sleeping) for (an hour); **hacía (años)** (years) before
hacia toward
hacienda estate; ranch
el hacha *f.* ax; heavy wax candle with four wicks
hagáis *see* **hacer**
hallar to find; **-se** to be

el **hambre** *f.* hunger
  tener hambre to be hungry
hambriento, -a hungry
haré, haría, haríamos *see* **hacer**
hasta until; up to, over to, to; even
  hasta que until
hay there is, there are
  hay que (pagar) it is necessary to, one must (pay)
haya, hayan *see* **haber**
haz *see* **hacer**
hazaña exploit, feat; act
hebreo, -a Hebrew
hecho *see* **hacer**
hecho deed, event, fact
  de hecho in fact
helar (ie) to freeze
herida wound
herir (ie, i) to wound
hermana sister
hermano brother; *pl.* brothers and sisters
hermoso, -a beautiful
hermosura beauty
el **héroe** hero
hice, hiciera, hicimos *see* **hacer**
hielo ice
hierba grass; herb
  mala hierba weeds
hierro iron
hija daughter
hijo son; child; native; *pl.* children
hilo thread, string
hispanoamericano, -a Spanish American
historia history; story
histórico, -a historical
historieta brief account
hizo *see* **hacer**
hocico snout; *pl.* mug
el **hogar** hearth, fireplace; home
hoguera bonfire, blaze
hoja leaf
  hola hello! hey!
el **hombre** man

hombro shoulder
hondo, -a deep
la **honradez** honesty
honrado, -a honorable, honest
hora hour; time
horno oven
horroroso, -a horrible
hortelana gardener's wife
hortelano gardener
hotelero hotelkeeper
hoy today
hubiera, hubo *see* **haber**
hubo there was, there were
hueco, -a hollow
huele *see* **oler**
huerta vegetable garden; fertile region of Valencia
huerto orchard
hueso bone
el, la **huésped** guest
huevo egg
huir to flee, run away
húmedo, -a moist, damp
humilde humble
humillación humiliation
humo smoke, steam
huyeron, huyó *see* **huir**

I

el **idioma** language
ídolo idol
iglesia church
igual equal, alike, the same, the like; of the same age
iluminar to light, light up
ilustre illustrious
la **imagen** image; statue; picture, scene; reflection
imaginarse to imagine
imitar to imitate
impaciencia impatience
impaciente impatient
importador, -a importers
importar to matter
impresionar to impress

improvisación something improvised
improvisar to improvise (compose on the spur of the moment)
incierto, -a uncertain; indefinable
inclinar to incline; to bend (over), bow; **-se** to bend over, bow
incluir to include, contain
incluso also, even
incluye, incluyó *see* **incluir**
incómodo, -a inconvenient, uncomfortable
incomprensible mysterious
inconsciente unconscious
el **inconveniente** inconvenience, discomfort
  no tener inconveniente en (ir) not to mind (going)
indeleble indelible
independiente independent
indicar to indicate; to tell
indio, -a Indian
individuo, -a individual
indudable certain, sure
inercia inertia
inextricable intertwined
infancia childhood
infantil childish; of children
infeliz unhappy, unlucky; poor, wretched
inferior lower
infernal of Hell
infierno Hell
influir (en) to influence
ingenio talent, wit
inglés, -a English
iniciar to initiate
  iniciar en to introduce to
inmediato, -a immediate; adjacent, adjoining, nearby
inmóvil motionless; paralyzed
inquietante anxious
inquietar to disturb, worry
inquieto, -a uneasy, restless

la **inquietud** uneasiness, restlessness
insomnio sleeplessness
inteligencia intelligence
intento attempt; purpose
el **interés** interest
interesante interesting
interesar to interest
  interesarse en (por) to be (get) interested in
interrumpir to interrupt, break off
íntimo, -a intimate, close; inner, deep
  amigo íntimo pal, chum
introducir to bring in
inútil useless, idle
invariable set, unchanging
invernáculo hothouse
inverosímil improbable, unlikely
invierno winter
invitado, -a guest
involuntario, -a involuntary
ir to go; to be; **-se** to go away, go off, leave
  ir (creciendo) to keep on (growing)
ira anger
izquierdo, -a left

J

jamás never; (not) ever
el **jardín** garden
jarra pitcher
jaula cage
el **jefe** chief, head, leader; boss
  jefe de correos postmaster
joven young; *m.* young man; *f.* young woman
joya jewel, piece of jewelry; *pl.* jewelry
júbilo rejoicing
judío, -a Jewish; *mf.* Jew
juego game
el **juez** judge

jugador player
jugar (ue) to play
el **juguete** plaything, toy
junco rush, reed
junto, -a together
   junto a beside, close to, near
jurar to swear
justo, -a exact
juvenil youthful
   vida juvenil early life
la **juventud** youth
juzgar to judge; to consider

L

la the; her; it; the one (before **de** or **que**)
   la que who, which
laberinto labyrinth; tangle
labio lip
laboriosidad toil, perseverance
labrador farmer
labrar to cultivate
lado side; direction
   a todos lados in all directions;
   al lado de beside
ladrar to bark
ladrido barking
ladrillo brick
el **ladrón** thief
lago lake
lágrima tear
laguna lagoon, lake
lámpara lamp
lana wool
lanzar to throw, fling; to utter;
   -se to swing out
el **lápiz** pencil
largo, -a long, prolonged
lástima pity, sympathy
   lástima que (vaya) too bad (he's going)
lastimar to hurt
lavar to wash
lavatorio lavatory, washstand
le him; to (for, from) him, her, it

lección lesson; lecture; presentation
el **lector** reader
lectura reading
la **leche** milk
lechero milkman
lechuga lettuce
leer to read
   leer a to teach
legua league
la **legumbre** vegetable
lejano, -a distant, far off
lejos far, far away
   a lo lejos in the distance; **más lejos** farther off
lengua tongue; language
   lengua árabe Arabic
el **lenguaje** speech
lento, -a slow
leña firewood
les them; to, for them
letanía litany
letra letter
levantar to lift; **-se** to rise, get up
   levantar en alto to raise; **levantar vela** to hoist sail
levita frock coat
la **ley** law
   estudiar leyes to study law
leyenda legend
leyendo, leyó *see* **leer**
libación libation; *pl.* drinking
libertad liberty, freedom
libertar to liberate, free
libra pound
librar to save
libre free
librería book store
librero bookseller
libro book
   libro talonario stub-book
licencia license
ligereza lightness
ligero, -a light; swift
limosna alms
limpiar to clean

limpio, -a clean
lindo, -a lovely
línea line
linterna lantern
lírico, -a lyrical
listo, -a smart; ready
lo him, it
  lo que what
lobo wolf
  perro lobo wolfhound
loco, -a mad, crazy, wild; *mf.* lunatic
locura madness, folly; mad thing
lodo mud, mire
lograr to succeed in
los, las the; them; those, the ones (before **de** or **que**)
loza porcelain
lucir to shine; to display, show off; to wear
lucha struggle
luchar to struggle, fight
luego soon; then, next, later
  luego que as soon as
el lugar place
  dar lugar a to give rise to;
  en lugar de instead of; **tener lugar** to take place
lujoso, -a luxurious
la lumbre fire
luna moon
  hacía luna there was a moon
la luz light
  a la luz by the light

LL

llama flame
llamar to call; to knock; **-se** to be named
la llave key
  cerrar con llave to lock
llegada arrival, coming
llegar to arrive, come, go to, reach
  llegar a (creer) to reach the point of (believing), come to (believe)
llenar to fill
lleno, -a full
llevar to carry, carry along, take; to raise; to have, hold; **-se** to carry away, carry off
llorar to cry, weep, weep over
llover (ue) to rain
lluvia rain
lluvioso, -a rainy

M

madera wood
la madre mother
madrileño, -a (of) Madrid
madrugada dawn
maduro, -a ripe
maestro master; teacher
magia magic, spell
magnífico, -a magnificent
la magnitud size
el maíz corn
majestad majesty
mal, malo, -a bad, evil; badly, wrong
el mal evil, misfortune, harm
malcriado, -a ill-bred, rude
maldito, -a cursed (be)
maleta suitcase
maligno, -a malignant, dangerous, deadly, pernicious
mamá mamma, mother
manchar to stain
mandar to command, order; to send
  mandar buscar (venir) to order
manera manner, way
  a su manera in his way; **de manera que** so (that); **de (esta) manera** in (this) way
la mano hand
  a mano by hand; **cogidos de la mano** hand in hand; **dejar de la mano** to abandon

manta blanket
el **mantel** tablecloth
mantener to maintain, keep
manto mantle, cloak; (academic) gown
manuscrito manuscript
mañana morning
   por la mañana in the morning
mañana tomorrow
el **mapa** map
el, la **mar** sea, ocean
maravilla marvel, wonder
maravilloso, -a marvellous
marca mark
marcha march; course
   ponerse en marcha to start
marchar to march; to go; to travel; **-se** to leave, go off
marido husband
marinero sailor
el **mármol** marble
el **marqués** marquis
mas but
más more; most
   más bien rather; **ni más ni menos que** just like; **no más que** only, nothing but
máscara mask
matanza killing, slaughter
matar to kill
el **mate** mate (Paraguayan tea)
matemáticas mathematics
matemático, -a mathematical
matrimonio marriage
mayor major; greater; older; main, head; greatest; oldest
   la mayor parte the most
me me; to (for, in) me; myself
mecha wick
mediano, -a average, passable
la **medianoche** midnight
médico doctor
medida measure
   a medida que as, in proportion as
medio, -a half (a)

medio (muerto) half (dead)
medio middle; means
   en medio de in the midst of
el **mediodía** noon
medir (i, i) to measure; to survey
meditar to meditate
mejor better; best
melancólico, -a melancholy, dreary
el **melón** melon
memoria memory
   de memoria by heart
menor minor, less, lesser; younger; least, slightest
menos less; least; except
   al (a lo) menos at least; **por lo menos** at least
mensualmente monthly
mentira lie
menudo, -a small, trifling
   a menudo often
el **mercader** merchant
mercado market
mercé (*for* **merced**): **su mercé** your (his) worship
la **merced** mercy; grace
merecer to deserve; to justify
el **mes** month
mesa table
   mesa de luz night stand; **poner la mesa** to set the table
metafísica metaphysics
meter to insert, put in, put into, stick into; **-se** to get into
   meterse para dentro to go inside; **metido en** down in, inside of
mezclar to mix; to mingle
mi my
mí me; myself
miedo fear, trepidation
   tener miedo to be afraid, alarmed
miedoso, -a frightening, terrifying; fearful, scared
miembro member

mientras while
   mientras tanto meanwhile
mil (one) thousand
milagro miracle; phenomenon
militar military; *m.* soldier
milla mile
mínimo, -a tiny
mío, -a my, mine, of mine; from me
   el mío, la mía mine
mirada look, gaze, expression
mirar to look (at, upon); to consider, regard
   mirar fijamente to stare;
   ¡**mira!** listen!
mirlo blackbird
misa mass; church
miserable poor, wretched
misericordia pity, mercy
mismo, -a same; self; very
   (él) **mismo** (he) (him)self;
   ahora mismo right this minute; **en la misma puerta** at the very door; **esta misma noche** this very night
misterio mystery
misterioso, -a mysterious
místico, -a mystical
la **mitad** half
mocedad youth
modismo idiom
modo way, manner
   de (este) modo in (this) way;
   de todos modos at any rate
molestar to annoy, pester, trouble
momentáneo, -a momentary
moneda coin
mono monkey
monótono, -a monotonous
monstruo monster
montaña mountain; mountains
montar to mount; to ride
el **monte** mountain; hill; woods, forest
moraleja moral

moreno, -a brown; dark; brunet(te)
morir (ue, u) to die
moro, -a Moorish; Moor (one of the Mohammedans of mixed Berber and Arab ancestry inhabiting North Africa who, in the eighth century, invaded and conquered most of Spain)
mostrar (ue) to show, display; to seem; **-se** to act, appear, seem
mover (ue) to move; to shake; to turn over; to arouse
movimiento movement, motion
mozo boy, lad, youth, young man
muchacha girl
muchacho boy; youngster, child
mucho, -a much, a great deal of, a lot of, a long (time); *pl.* many
mudarse to move
mudo, -a mute, dumb, silent, speechless
muela molar; back tooth; tooth
el **muelle** dock, pier, wharf
la **muerte** death
muerto *see* **morir**
la **mujer** woman; wife
múltiples many
multiplicar to multiply
la **multitud** crowd; lot
mundial world-wide; (of the) world
mundo world
   todo el mundo everyone; **ver mundo** to see the world
murmullo murmur
murmurar to murmur, mutter
muro wall
musculoso, -a muscular
músico musician
muy very, very much

N

nacer to be born; to come up, sprout
nada nothing, (not) anything; (not) at all
nadie no one, (not) anyone
naranjo orange tree
la **nariz** nose; *pl.* nose
narración narrative
narrador, -a narrator
natal native
el, la **natural** native
naturaleza nature
navegar to go (by water), sail
necesario, -a necessary
necesidad necessity, need
necesitado, -a in need
necesitar to need
negar (ie) to deny; to refuse
  negarse a (ir) to refuse to (go)
negocio business
negro, -a black
nevar (ie) to snow
ni neither; (not) even
  ni... ni neither... nor, either... or; **ni más ni menos que** just like
nicho niche (recess in wall, often for a statue)
nido nest
niebla mist, fog
la **nieve** snow
ningún, ninguno, -a no; none; (not) any
niña little girl; girl
la **niñez** childhood
niño, -a child
no no; not
nocturno, -a (of the) night
la **noche** night, evening
  de noche by night; **esta noche** tonight; **por la noche** at night, in the evening
nombramiento appointment
nombrar to name, mention; to appoint

el **nombre** name
  nombre de pila given name
el **nordeste** northeast
el **noroeste** northwest
el **norte** north
nos us; to (for) us
nosotros, -as we; us
nota note
notar to notice
noticia notice; (piece of) news; *pl.* news
novedad novelty; news; occurrence
novela novel
noveno, -a ninth
noventa ninety
novio, -a fiancé(e); newlywed
la **nube** cloud; swarm
nubecilla little cloud
nuca nape of the neck
nuestro, -a our
nuevo, -a new
  de nuevo again
número number
numeroso, -a numerous; large
nunca never; (not) ever

O

o or
  o... o either... or
obedecer to obey
obispo bishop
obituario obituary (newspaper death notice and tribute)
objeto object
obligación duty
  tener la obligación to be obliged
obligar to oblige, force
  verse obligado to be obliged
obligatorio, -a obligatory, compulsory
obra work
  obra maestra masterpiece
obrar to act
obtener to obtain, get

obtuvo *see* **obtener**
ocasión opportunity; moment
ocultismo study of the occult
oculto, -a hidden
ocupación occupation
ocupar to occupy, take, hold; **-se** to busy oneself
ocurrir to happen; **-se** to occur
ochenta eighty
odio hatred
el **oeste** west
el **oficial** officer
oficina office
   oficina de correos post office
oficio work, duty
ofrecer to offer; **-se** to offer, appear
oído (inner) ear
oír to hear, listen to
   oír decir to hear (said)
ojillo eye
ojo eye
oler to smell
el **olivar** olive grove
el **olor** smell, scent
oloroso, -a fragrant
olvidar to forget
   olvidarse de to forget (about)
olvido forgetfulness
onza ounce; doubloon (old Spanish gold coin)
opio opium
oposiciones competitive examinations
   hacer oposiciones to take competitive examinations
el **opositor** opponent, competitor
oprimir to press; to squeeze
opuesto -a opposite
oración prayer; sentence
el **orden** order (rank)
   la **orden** order (command)
oreja (outer) ear
orgía orgy, revel
orgullo pride
orgulloso, -a proud
el **origen** origin

orilla shore, beach, bank, edge
oro gold
orquídea orchid
os you; to (for) you
oscilar to sway, swing
oscurecer to get dark
   al oscurecer at dusk
oscuridad darkness; obscurity
oscuro, -a dark; dim, obscure, vague
otoño autumn
otro, -a other, another
ovalado, -a oval
oye listen
oyendo, oyeron, oyó *see* **oír**
el **oyente** auditor

P

pacer to graze
paciencia patience
paciente patient
pacífico, -a peaceful
el **padre** father; *pl.* parents
pagar to pay (for); to repay
página page
el **país** country, land; home
el **paisaje** landscape
el **paisajista** landscape artist
paja straw
pájaro bird
palabra word; promise
palidecer to turn pale
pálido, -a pale, faint
palo stick
   a palos with a beating
paloma dove, pigeon
el **pan** bread
panadería bakery
paño cloth
pañuelo handkerchief
el **papá** papa, daddy, father
el **papel** paper; wallpaper; writing; rôle
   hacer un papel to play a part
papelero stationer
el **paquete** package

el **par** pair, couple
para for, to, in order to; by
 para con toward; **para que** in order that, so that
Paraíso Paradise
parar to stop; **-se** to stop; to land, alight
 ir (venir) a parar to end, land, settle
parecer to seem; to look (like)
 parecerse a to resemble, look like
la **pared** wall
el **paredón** high wall
pareja pair, couple
el **pariente**, la **parienta** relative
la **parte** part, section; direction
partir to depart, leave
pasado, -a past; last
el **pasaje** passage
pasajero passenger
pasar to pass; to run; to spend (time); to suffer; to happen
 pasar de to go beyond
pasatiempo pastime
pasear to promenade, stroll, walk; **-se** to walk up and down
paseo promenade, walk; drive
paso step
 dar un paso to take a step
pata leg, foot (of an animal)
patético, -a pathetic
patio inner court open to the sky
patria country, home
pavo real peacock
payaso clown
la **paz** peace
pecho breast, chest
pedazo piece, bit
 hacer pedazos to smash
pedir (i, i) to ask (for), request
pegar to stick, attach; to hold against; to beat
 pegar fuego to set fire
pelado, -a shaven
pelea fight

pelear to fight
película film
peligro danger
peligroso, -a dangerous, hazardous, perilous
pelo hair
pelota ball; jai alai
pena pain, sorrow, trouble; punishment
penca (pulpy) leaf
penetrante penetrating, keen
penetrar to penetrate; to make one's way into, enter; to comprehend, understand
pensamiento thought
pensar (ie) to think, reflect; to plan, intend
 pensar en to think of
pensativo, -a pensive, thoughtful
penumbra half light
peor worse; worst
pepita seed
la **pequeñez** trifle
pequeñísimo, -a tiny
pequeño, -a small, little
 de pequeño as a child
perder (ie) to lose; to ruin; **-se** to disappear, vanish, go deep
 perder de vista, to lose sight of
el **perdón** pardon; pity
perdonar to pardon, forgive
perdurar to survive
perenne lasting
pereza laziness
perezoso, -a dull; lazy
periódico newspaper
periodismo journalism
el **periodista** journalist, newspaper man
perla pearl
permanecer to remain, stay
permiso permission
permitir to permit, allow
pero but
perro dog
 perro lobo wolfhound

persecución chase
persona person; *pl.* people
el **personaje** character
personificación personification (attribution of human traits to inanimate objects)
pertenecer to belong
pesado, -a heavy
pesar to weigh
  a pesar de (que) in spite of (the fact that)
pesca fishing
pescar to fish; to catch (fish)
peseta peseta (Spanish monetary unit)
peso weight; peso (monetary unit)
la **pez** pitch, tar
picaresco, -a roguish, mischievous; picaresque
pícaro rascal, rogue, adventurer
pico bill, beak; peak
pictórico, -a pictorial
el **pie** foot
  a pie on foot; **al pie de** below; **en pie** standing; **ponerse en pie** to stand up
piedra stone
la **piel** skin, leather
pierna leg
pieza room
pila holy-water font
  nombre de pila given name
pimienta pepper
pimiento pepper
pino pine
pintar to paint; to portray; to describe
el **pintor** painter
pintura painting
piruetear to pirouette
pisar to tread on, walk in
pista (circus) ring
el **placer** pleasure
plata silver
plátano banana; sycamore
platero silversmith

plato plate; dish
playa beach, shore
plaza square
plazuela small square; clearing
pluma feather; pen
población town
el **poblachón** shabby town
pobre poor
pobrecito poor little fellow
pobreza poverty
poco, -a (a) little, not much
  a poco soon after; **poco a poco** little by little
poder (ue) to be able
poderoso, -a powerful, strong
podrá, podrán, podrás, podría *see* **poder**
poesía poetry
poetisa poetess
el **policía** policeman
policial (of) police
  cuento policial detective story
política politics
político, -a political
polvo dust
pollo chicken
pompa ostentation, empty display
pomposo, -a pompous
pon *see* **poner**
ponderar to exaggerate, make much of, stress
pondré, pondría *see* **poner**
poner to put, put up, place, set; to give; to make, fix; **-se** to set (the sun)
  poner la mesa to set the table; **ponerse a (volar)** to start to (fly); **ponerse en camino** to start out; **ponerse en pie** to stand up; **ponerse (rojo)** to become, get, grow, turn (red); **ponerse (un traje)** to put on (a dress)
poquito little
por because of; for; by; to; about; along, around, down, in, on, (all) over, through, up

por eso on that account; **por (la noche)** at (night); **por qué** why?
porcelana porcelain
porque because
porra club
porrazo bump; jolt
poseer to possess, own
poseyendo *see* **poseer**
la **postal** postcard
el **postre** dessert
  de postres for dessert
pozo well
precioso, -a precious, lovely
preciso, -a precise; necessary
predicar to preach
predominar to predominate
preferir (ie, i) to prefer
pregunta question
  hacer preguntas to ask questions
preguntar to ask (about), inquire
los **preliminares** preliminaries
premio prize, reward
preocupar to preoccupy, worry; **-se** to worry
preparar to prepare; **-se** to get ready
presentación introduction
presentar to present; to introduce; to hand; **-se** to appear
presentir (ie, i) to have a presentiment
prestar to lend; to pay (attention)
presumir to suppose
previsión anticipation; presentiment
primavera spring
primer, primero, -a first
  primero que nadie before anyone else
primo, -a cousin
principiar to begin
principio beginning; principle
  al principio at first
prisa haste

tener prisa to be in a hurry
prisionero prisoner
probar (ue) to prove; to sample, test, try; to taste
el **problema** problem
proceder to proceed, behave
procurar to try.
prodigio prodigy, wonder
profetizar to prophesy, predict
profundo, -a profound, deep
el **programa** program; course
prohibir to prohibit, forbid
promesa promise
prometer to promise
pronóstico prediction, prophecy, forecast
pronto soon
  de pronto all of a sudden; **más pronto** earlier; **tan pronto como** as soon as
pronunciar to pronounce, utter
propio, -a own
  propio de characteristic of
proponer(se) to propose
propósito purpose; resolution
  a propósito by the way; suitable; **a propósito de** apropos of, speaking of
prosa prose; work in prose
el, la **prosista** prose writer
el, la **protagonista** main character, hero, heroine
proteger to protect, shelter
proverbio proverb
próximo, -a next, following; adjacent, near
proyecto project, plan
prueba proof
psicológico, -a psychological
publicación publication; *pl.* publishing
publicar to publish
público public; audience
pudiera, pudieron, pudimos, pudo *see* **poder**
pueblecito village
pueblo town, village; people

puerta door; gate
  puerta de atrás back door
puerto port
pues then, well; for, since
  pues bien well then
puesto *see* **poner**
puesto, -a placed, fixed
  puesto que seeing that; since;
  tener puesto to have on
puesto post, place, position; booth, stand
pulmonía pneumonia
punta point, end, tip
punto point, spot; topic
  en punto sharp
puntualidad punctuality; speed
puse, pusieron, pusimos, puso *see* **poner**

Q

que who, whom, which; that; for, because, since, as
  tener que (ir) to have to (go)
qué what? which?
  ¡qué hombre! what a man!;
  ¡qué serio! how serious!; **¿y qué?** so what?
quedar to be left; **-se** to remain, stay
  quedar (contento) to be (satisfied); **quedarse con** to keep
quemar to burn
querer (ie) to want, wish; to like, love; to try
  querer decir to mean
querido, -a dear
querrán, querrás *see* **querer**
queso cheese
quien who, whom; one who, a person who; *pl.* those who, who
quién who? whom?
quieto quiet, calm
  estarse quieto to calm down, be quiet

la **quietud** quiet, tranquility
quinientos, -as five hundred
quinta country house, villa
quise, quisiera, quisieran, quiso *see* **querer**
quitar to take away, remove
  quitarse (un traje) to take off (a dress)
quizá perhaps

R

racional logical, making sense
rama branch
rana frog
la **rapidez** rapidity, speed
raro, -a rare, strange, little known
rascar to scratch
rata rat
rato while, time
la **razón** reason
  tener razón to be right
real real; royal; *m.* Spanish coin
realizar to carry out, fulfil; to perform; **-se** to take place
rebelde rebellious
recibir to receive, get, take; to meet; to catch
recibo receipt
recién recently
recobrar to get back, recover, regain; to resume
recoger to pick up, take; to catch; to gather, collect
reconocer to recognize
recordar (ue) to recall, remember
recorrer to go over, cover, survey
el **rector** head (of a school)
recuerdo memory, recollection, reminiscence
recurrir to recur
rechazar to reject, refuse
la **redondez** roundness
redondo, -a round, rounded
  a la redonda around

reemplazar to replace
referir (ie, i) to recount, relate; **-se** to refer
reflexionar to reflect, consider
el **refrán** proverb, saying
refresco refreshment, snack
refugiarse to take refuge
regalar to give
regalo gift
regar (ie) to irrigate, water
regimiento regiment
registrar to search
regla rule; ruler
regresar to return
regreso return
regular right, proper, fitting
reina queen
reinar to reign, rule
reír (i, i) to laugh
  reírse de to laugh at
relación account, story
relacionar to relate; **-se** to be connected
relámpago lightning
  luz de relámpago streak of lightning
relato account, tale
el **reloj** clock; watch
relojero watchmaker
remar to row
remedio remedy, help
  poner remedio to do something about it
remero rower, oarsman
remo oar
  ir al remo to row
remordimiento remorse
renegado renegade (Christian who becomes a Mohammedan)
reñir (i, i) to quarrel; to scold
repente: de repente all of a sudden
repetir (i, i) to repeat
repicar to ring
replicar to reply
reposado, -a calm

representar to appear, look like, suggest; to act out
requerir (ie, i) to require, necessitate
rescatar to ransom
resignarse a to resign oneself to
resistirse to resist, hold out
resolución resolution, decision; solution; result
resolver (ue) to resolve; to solve
  resolverse a to decide upon, steel oneself to
resonar (ue) to resound, re-echo; to be heard
respetar to respect
respeto respect
respetuoso, -a respectful
el **resplandor** light, radiance, glare
responder to answer
respuesta reply, answer
restos remains
resuelto *see* **resolver**
resultado result
resultar to turn out, prove
el **resumen** summary
retirarse to retire, leave, withdraw
retomar to regain
  retomar el sueño to go back to sleep
retórica rhetoric
retrasar to delay, postpone
retratar to portray
retrato portrait; portrayal
reunión meeting, gathering
reunir to collect, combine, get together; **-se** to gather, meet
revelar to reveal
reverencia salutation
el **revés** reverse
revivir to revive
el **rey** king
  día de Reyes Epiphany (January 6)
rico, -a rich

252 VOCABULARY

ridículo, -a ridiculous
riendo see **reír**
riguroso, -a strict, undeviating
rima rhyme, poem
el rincón corner
río river
   río abajo down river
riqueza wealth
risa laugh; laughter
risueño, -a smiling
robar to rob, steal
roca rock
rodar (ue) to roll
rodear to surround; to go around, encircle; to crowd around
rodilla knee
   de rodillas kneeling
rogar (ue) to ask, beg, urge
rojizo, -a reddish
rojo, -a red
el romance ballad
romería pilgrimage (excursion and celebration on a saint's day)
romper to break, break into; to strike up; to tear
ronco, -a hoarse
ropa clothes, clothing
ropero wardrobe
ropita clothes, clothing
rosado, -a pink, rosy
rostro face
roteño, -a of Rota
roto see **romper**
rubio, -a blond(e), fair, light
rudo, -a crude, rough
rugir to roar
ruido noise; sound; noisiness
ruidoso, -a noisy
ruinoso, -a ruined, tumbledown, dilapidated; run-down, shabby
el rumor sound

S

saber to know; to find out, learn
saber (leer) to know how to (read)
sabiduría wisdom
sabio, -a wise, learned
el sabor flavor, taste
sabrá, sabría see **saber**
sacar to bring out, draw out, get out, pull out, take out; to buy; to redeem, rescue
saco bag; jacket
la sal salt; wit
sala parlor; room
saldré, saldría see **salir**
salida exit
salir to come out, get out, go out, emerge, leave
el salón drawing room
salpicar to spatter, splash
saltar to jump, jump over, leap
salteador highwayman
salto jump, leap
   dar un salto to jump (up)
la salud health
saludar to salute, greet; bow
   saludar con la mano to wave
saludo bow; salutation
salvaje wild; *m.* savage, brute
salvar to save
salvo, -a safe
   salvo que unless
san see **santo**
la sangre blood
   arrojar sangre to bleed
sangriento, -a blood-red
santo, -a sacred, holy; *mf.* saint
sátira satire
satírico, -a satirical
satisfacer to satisfy
satisfecho, -a satisfied, pleased
se (to, for) herself, himself, itself, yourself, themselves, yourselves
sea, sean, seas see **ser**
seco, -a dry
la sed thirst
   tener sed to be thirsty
seda silk

seguida: en seguida at once, immediately, right away; then, next
seguir (i, i) to follow; to continue, go ahead, go on
  seguir el camino to go on one's way; **seguir el curso** to take the course
según according to (what), as
segundo, -a second; *m.* second
el segundón second son, second one
seguridad safety; confidence, trust, certainty
seguro, -a sure; assured; safe
sello stamp
semana week
semanalmente weekly
sembrador sower
sembrar (ie) to sow, plant
semejante similar, like
la sencillez simplicity
sencillo, -a simple
sentado, -a sitting
sentar (ie) to seat; **-se** to sit down
sentido sense
sentimentalismo sentimentality
sentimiento feeling
sentir (ie, i) to feel; to regret, be sorry; to hear
seña gesture
la señal sign
señalar to point out, point to, indicate
el señor lord, master; sir; Mr.
señora lady, my lady; Mrs.
separar to separate
ser to be
  ¿cómo es (ella)? what's (she) like?
serenidad calm
la serie series
seriedad seriousness
serio, -a serious, solemn
  tomar en serio to take seriously

servir (i, i) to serve
  servir de (guía) to serve as (guide)
sesenta sixty
si if
  ¡si no tiene sentido! why it makes no sense!
sí yes
  sí que está malo he is really ill
sí himself, herself, oneself
  sí mismo himself, oneself
siempre always
  siempre que whenever; **como siempre** as usual; **para siempre** for good
siglo century
significado meaning
significar to mean
signo symbol, character
siguiente following; next
silbar to whistle
silbido whistle
silencioso, -a silent
silueta silhouette, outline
silla chair
el sillón easy chair, armchair
símbolo symbol
simetría symmetry
simpatía sympathy
simpático, -a charming, appealing, nice
simple foolish
simplificar to simplify
sin without
el sinfín endless number
siniestro, -a sinister, ominous
sino (que) but; except
siquiera even
  ni siquiera not even
sitio place, spot
sobre on, upon, above, over; about
  sobre todo especially
el sobre envelope
sobrenatural supernatural
sobresalir to excel

sobrevenir to come upon, overtake
sobrino nephew; *pl.* nephews and nieces
sociedad society
socorrer to aid, help
el **sol** sun
  de sol a sol from morning to night; **tomar el sol** to sun oneself
solamente only
soldado soldier
soledad solitude
soler (ue) to be accustomed
  suelo (ir) I usually (go)
solo, -a alone; single, only; unoccupied
sólo only
  no sólo... sino (que) not only... but
soltar (ue) to free, release, part with; to let down, set down; to come out with, utter; to ring
  soltar una carcajada to burst out laughing
sombra shadow, shade; darkness
sombrerero hatter
sombrero hat
sombrío, -a sombre, gloomy
el **son** sound; tune
  al son de la música to the music
sonar (ue) to sound; to ring; to strike (the hour)
sonido sound
sonreír (i, i) to smile
  sonreírse con to smile at
sonriente smiling
sonrisa smile
soñar (ue) to dream, dream of
  soñar con to dream of
soplar to blow
sordo, -a deaf
sorprender to surprise
sorpresa surprise
sospecha suspicion
sospechar to suspect
sostener to hold, support
su his, her, its, their
suave smooth; soft, faint
subir to go up, ascend, climb, get onto; to pull up
suceder to happen
suceso event, happening, affair
sucio, -a dirty
sueldo salary
suelo ground; floor
suelto *see* **soltar**
suelto, -a loose; flying
sueño dream; sleep
  en sueños in a dream; **tener sueño** to be sleepy
la **suerte** fortune, luck
suficiente sufficient
supe, supiera, supo *see* **saber**
suponer to suppose
supuesto, -a alleged
el **sur** south
el **suroeste** southwest
suspirar to sigh
sustancia substance, stuff
suyo, -a his, hers, yours, theirs; of his, of hers, of theirs
  el suyo his, hers

T

tabaco tobacco
taberna tavern
tal such (a); this; this or that
  tal como just as; **tal cual** as; this or that; **tal que así** like this; **tal vez** perhaps
talonario, -a with stubs
tallo stem
tamaño size
tambalearse to stagger
también too, also
tampoco neither, (not) either
tan so, such (a)
tanto, -a so much; *pl.* so many

tanto como as much as, not only... but also; **tanto... cuanto** as much... as; **otros tantos** as many more
tapar to cover
tardanza tardiness
tardar to delay
  tardar mucho en (ver) to be a very long time in (seeing)
la **tarde** afternoon
  de tarde in the afternoon; **por la tarde** in the afternoon
tarde late
  más tarde later
tarea task, work
taza cup
te you, to (for, of) you
el **té** tea
teatro theatre
techo roof; ceiling
tedio tedium
el **tema** theme
temblar (ie) to tremble, shake, shiver
temer to fear
el **temor** fear, fright; worry
tempestad tempest, storm
templo church
temprano early
ten *see* **tener**
tender (ie) to spread, stretch out, lay; to hold out; to tend; **-se** to lie down
tendido, -a lying, reclining; extended
tendrás, tendré, tendremos, tendría *see* **tener**
tener to have, hold; to consider
  tener (dos) años to be (two) years old; **tener celos** to be jealous; **tener hambre** to be hungry; **tener lugar** to take place; **tener miedo** to be alarmed; **tener prisa** to be in a hurry; **tener que (ir)** to have to (go); **tener razón** to be right; **tener sed** to be thirsty; **tener sueño** to be sleepy
tensión suspense
tentación temptation
tentar (ie) to tempt
teología theology
tercer, tercero, -a third
terminar to complete, end, finish
término end, limit; period, time
ternura tenderness
terraza terrace, veranda
terreno ground
terrorífico, -a frightful
la **tesis** thesis
tesoro treasure, treasury; paragon
testigo witness
ti you
tía aunt
tiempo time; weather; tense
  a un tiempo at the same time; **con el tiempo** in time; **hace (mal) tiempo** it's (bad) weather
tienda shop
tierra earth, ground, land, soil; fields; place; country
  en tierra ashore
tinta ink
tintar to color; to stain
tío uncle
  ¡tío ladrón! you old thief!
típico, -a typical
tipo type; fellow
tirar to throw, toss; to shoot, shoot at
tiro shot
el **tisú** tissue
titular to entitle
título title
tocar to touch; to knock; to ring; to play (an instrument)
  tocar a to fall to
todavía yet; still
todo, -a all, (the) whole; everything

todo lo que all that; **sobre todo** especially
toledano, -a (of) Toledo
tomar to take
  tomar el sol to sun oneself;
  ¡toma! take this!
el **tomate** tomato
tontería nonsense
tonto, -a foolish, silly; *mf.* fool
torear to fight bulls
torero bullfighter
tormenta storm
toro bull
la **torre** tower
toser to cough
tostar (ue) to toast
trabajador, -a hard-working, industrious
trabajar to work
trabajo work; trouble
trabuco blunderbuss
tradición tradition; name given by Ricardo Palma to a tale based on history
traducción translation
traducir to translate
traer to bring; to lead
tragar to swallow
traidor traitor
traigo *see* **traer**
el **traje** dress; suit; costume; outfit
trajera, trajo *see* **traer**
trama plot
tranquilo, -a calm, peaceful
transatlántico transatlantic liner
trapecio trapeze
tras after, behind
tratar to treat; to deal with; **-se** to be a question of
  tratar de (ir) to try to (go);
  tratar de (tú) to address someone as (**tú**)
través: a través de across, through
travesura prank, antic
trayendo *see* **traer**

trazar to trace
treinta thirty
tremendo, -a tremendous; terrible, dreadful
el **tren** train
trepar to climb
triángulo triangle
trigo wheat
triste sad, gloomy; miserable, wretched
tristeza sadness
triunfo triumph
tronco trunk; log
trono throne
el **tropel** crowd, mass
trozo piece, slice
trucha trout
tu your
tú you
tumba tomb
tumultuoso, -a stormy, tempestuous
turbio, -a cloudy; opaque
turco, -a Turk
tuve, tuviera, tuvieron, tuvimos, tuvo *see* **tener**
tuyo, -a yours, of yours

U

último, -a last
  por último finally, last of all
un, uno, -a a, an; one
  unos (veinte) about (twenty)
único, -a only; the only one; unique, unrivaled
unir to unite, attach; **-se** to join
usar to use; to wear; to inflict; to practice
  usar con to inflict on
usurero moneylender
útil useful

V

vaca cow
vacilar to hesitate

vacío, -a empty; *m.* opening
vagabundo vagabond, idler, ne'er-do-well
vago, -a vague; wandering
valdrán, valdrás *see* **valer**
valer to be worth
valiente brave
el valle valley
¡vamos! come!
vano, -a vain; empty
  en vano in vain
el vapor steam, fumes; steamer, ship
variar to change
vario, -a varied; *pl.* several
vasco, -a Basque
vascongado, -a Basque
vaso glass
¡vaya! well!
vayáis *see* **ir**
vecino, -a neighboring, nearby; *mf.* neighbor; inmate; citizen, native, resident
veinte twenty
vela candle; sail
  levantar vela to hoist sail
velar (por) to watch, keep vigil (over)
velo veil; mist
ven *see* **venir**
vena vein
vencer to conquer, defeat; to win
vendedor seller
vender to sell
vendrá, vendrán, vendrás, vendré, vendría *see* **venir**
veneno poison
vengar to avenge
  vengarse de to get revenge on
venir to come
  el (lunes) que viene next (Monday)
ventana window
ventanilla (post office, ticket) window
ver to see, watch

  a ver let's see; **tener que ver con** to have to do with
verano summer
veras: de veras really
verdad truth
  en verdad really; **es verdad** it's true; **¿(no es) verdad?** isn't that so?
verdadero, -a real, true
verde green
vergüenza shame
  sin vergüenza shamelessly
verosímil probable, likely
verso verse; line of poetry
vestido dress; clothing; *pl.* clothes
vestir (i, i) to dress; **-se** to get dressed
  vestir de (blanco) to dress in (white); **vestir de fiesta** to dress up
la vez time, occasion; *pl.* **veces**
  a la vez at once; **a (mi) vez** in (my) turn; **cada vez más** more and more; **de vez en cuando** from time to time; **en vez de** instead of; **otra vez** again; **tal vez** perhaps; **una vez** once; **a veces** at times; **dos veces** twice; **muchas veces** often
viajar to travel
el viaje journey, trip; travel
  seguir viaje to go on one's way
viajero traveller
vibrar to vibrate
vicio vice
vida life, living
  vida juvenil early life; **buscar vida** to seek fortune; **por mi vida** my word
vidriera window
viejo, -a old
viento wind
vigilar to watch
villancico carol

viniendo, vinieron, vino *see* **venir**
vino wine
la **virgen** virgin
la **virtud** virtue
el **visitante** visitor
víspera eve
vista sight, vision; eyes
  a la vista de in view of; **perder de vista** to lose sight of
visto *see* **ver**
el **vítor** hurrah
viuda widow
vivir to live
vivo, -a living, alive; lively, quick; bright, vivid
volar (ue) to fly
el **volcán** volcano
el **volumen** volume
voluntad will
volver (ue) to come back, to return; to turn; **-se** to turn, turn around; to turn into, become
  volver a (ver) to (see) again
vos (*for* **vosotros**) you
vosotros, -as you
voto vote

la **voz** voice; utterance
vuelo flight
vuelta return
  darse vuelta to turn; **estar de vuelta** to be back
vuelto *see* **volver**
vuestro, -a your, (of) yours

Y

y and
  ¿y (él)? how about (him)?
ya already; now
  ya no no longer; **ya que** seeing that, since; **ya... ya** now... now, sometimes... sometimes
yendo *see* **ir**
yerba herb; grass
  yerba mate mate
yo I

Z

el **zaguán** vestibule
zapatero shoemaker
zapatilla slipper
zapato shoe
el **Zocodover** main square in Toledo